LE CODE DA VINCI DÉCRYPTÉ

SIMON COX

LE CODE DA VINCI DÉCRYPTÉ

Le Guide non autorisé

le pré aux clercs

Titre original :
CRACKING THE DA VINCI CODE

Traduit de l'anglais par Mylène SOVAL

Première publication en Grande-Bretagne en 2004
Michael O'Mara Books Limited
9 Lion Yard
Tremadoc Road
Londres SW4 7NQ

Terribilis est locus iste

Inscription à l'entrée de l'église de Rennes-le-Château

SOMMAIRE

INTRODUCTION

Compte tenu du contexte qui entoure le Saint-Graal, il n'est pas étonnant que le sujet polarise l'opinion depuis de nombreuses années. Cependant, même dans ces circonstances, il est rare qu'un roman éveille autant de controverses que le *Da Vinci Code*. Au moment où le présent ouvrage part pour l'imprimerie, les chiffres des ventes mondiales du thriller de Dan Brown atteignent les six millions d'exemplaires, et vont sans doute continuer à croître après la sortie de l'édition de poche. Les réactions que déclenche la lecture de ce livre n'ont rien de nuancé : les gens aiment ou détestent sans partage, ce qui le rend encore plus extraordinaire.

Parlons d'abord des détracteurs. Ils se divisent généralement en plusieurs groupes. D'abord, nous trouvons ceux qui jugent le travail de Brown, trop pauvrement documenté, truffé d'inexactitudes historiques. Puis viennent ceux qui y voient une réfutation majeure des dogmes chrétiens. Il suffit de feuilleter quelques pages du *Da Vinci Code* pour comprendre pourquoi. La thèse essentielle de l'histoire est que les Églises chrétiennes nous cachent quelque chose depuis deux mille ans : théorie explosive, propre à attirer les attaques venimeuses des fondamentalistes, des apologistes et même des chrétiens libéraux.

Quelques instants sur Internet suffisent à comprendre que Brown a provoqué la colère de nombreux intellectuels chrétiens, lesquels se consacrent page après page à « démolir » le roman et ses prétendues attaques contre la foi chrétienne. Naturellement, certains de ces mêmes exégètes s'apprêtent à sortir leurs propres livres pour dénoncer celui de Brown, qu'ils considèrent comme un crime haineux à l'encontre des croyants du monde entier.

Ces polémiques se fondent essentiellement sur le fait que le roman de Dan Brown illustre une thèse développée dans plusieurs ouvrages d'histoire alternative, selon laquelle Jésus aurait été marié à Marie-Madeleine, qui aurait porté leur enfant, prolongeant ainsi la lignée à travers l'histoire. Cette notion met en doute le concept de la divinité du Christ. En effet, Il se rapprocherait plus ainsi de la chair et du sang que de son état de Fils de Dieu. La théorie de la descendance du Christ est longuement traitée dans le chapitre consacré à Marie-Madeleine, aussi le sujet ne sera pas approfondi ici. Il convient cependant de préciser que si l'on se réfère à une lecture littérale des Évangiles et des Écritures du Nouveau Testament, les exégètes ont raison de protester en disant qu'il n'existe aucune preuve d'une union entre le Christ et Marie-Madeleine. Cependant, dans leur lecture, ils laissent de côté un élément central de cette hypothèse : à savoir que l'information a été jugée si préjudiciable et si néfaste, au sein de l'Église primitive, qu'elle aurait été supprimée par les premiers rédacteurs du Nouveau Testament. L'ensemble de textes que nous connaissons a en effet été recomposé à partir de documents originaux, destinés à être remplacés par cette version expurgée, bien plus séduisante aux yeux des premiers Pères de l'Église. D'autre part, si vous recherchez une dénonciation de Brown et de son roman, vous vous êtes trompé d'adresse, d'autres livres à venir vous intéresseront plus. Cet ouvrage est destiné directement aux détracteurs du premier groupe et à ceux qui ont aimé le roman mais se sont retrouvés un peu étonnés par les faits, historiques ou non, dont il est question dans le récit. Ils constituent le sujet auquel je me suis attelé dans les pages suivantes.

Dan s'est inspiré d'une petite poignée de livres pour trouver les thèmes principaux et les éléments de son intrigue. Concernant l'existence d'une descendance du Christ à travers son mariage avec Marie-Madeleine, et d'une société secrète connue sous le nom de Prieuré de Sion chargée de préserver cette énigme, Dan Brown s'est appuyé sur *L'Énigme sacrée*, le best-seller controversé de Michael Baigent, Henry Lincoln et Richard Leigh. Pour l'idée que Léonard de Vinci a inclus quelques-uns de ces thèmes et secrets dans ses œuvres, il s'est tourné vers *La Révélation des Templiers*, de Lynn Picknett et Clive Prince. Quant aux informations sur Marie-Madeleine et le Féminin sacré, il a utilisé *The Woman with the Alabaster Jar* (« La Femme à la jarre d'albâtre »), de Margaret Starbid. Les lecteurs du *Da Vinci Code* ont remarqué que ces trois livres figurent dans la bibliothèque du château de Villette, l'endroit où vit Leigh Teabing, le personnage effectuant des recherches sur le Graal. Les ouvrages sont cités, non leurs auteurs. Dans le *Da Vinci Code*, Brown ne fait qu'effleurer la surface des théories développées dans ces études. Pour comprendre pleinement l'étendue des recherches et l'argumentation défendue, il serait intéressant de lire au moins l'une de ces publications, référencées dans la bibliographie qui conclut ce livre.

Si la descendance du Christ existe vraiment, nous nous trouvons devant ce qui pourrait se définir comme deux hérésies au sens large : une mineure et une majeure, plus fondamentale. La petite hérésie est assez simple à définir : l'Église a menti pendant deux mille ans, cachant la vérité aux chrétiens pour diverses raisons. L'autre hérésie, l'union de Jésus et Marie-Madeleine, est lourde de conséquences. Car, si cette théorie s'avère exacte, chacune des convulsions de l'histoire devra être réécrite. Un tel changement de perspective remettrait en question notre compréhension de la vie, de la foi et du monde qui nous entoure. L'enjeu est considérable.

Pourquoi le *Da Vinci Code* a-t-il rencontré un tel succès ? D'abord parce qu'il s'agit d'une bonne histoire. Le roman se lit bien, et l'histoire fera probablement un bon film sous la direction de Ron Howard. Je pense aussi que cette réussite est due à des raisons plus profondes. Dan Brown a touché un nerf à vif dans la majeure partie de son lectorat. La plupart des gens sont mécontents de la manière dont on leur a appris à croire et à réfléchir : le désir de sortir du moule, de creuser plus profondément dans les mystères de la vie prend de l'ampleur au moment où nous nous installons dans le vingt et unième siècle. Le *Da Vinci Code* a su aborder ce sujet brûlant. On peut cependant douter qu'il amène des milliers de chrétiens à remettre leur foi en question et à abandonner l'Église. Quoi qu'il en soit, il a réussi à apporter à la connaissance du grand public un courant de pensées et un corps théorique jusqu'à présent considérés comme alternatifs, voire hérétiques. Et l'on ne peut que s'en réjouir.

Notre ouvrage est destiné à fournir au lecteur du *Da Vinci Code* des informations élémentaires sur nombre d'éléments factuels évoqués dans le roman. Il est organisé de A à Z et, je l'espère, facile à lire ou à consulter. Je me suis efforcé de réduire autant que possible les articles pour éviter d'ennuyer le lecteur en lui donnant l'impression de se trouver devant un livre savant. Je souhaite l'amener à comprendre combien les événements étranges et les mystères authentiques sont présents dans le domaine historique. J'espère aussi avoir donné à certains l'envie d'en lire et d'en savoir plus — et sur ce point au moins, je suis certain que Léonard m'aurait approuvé.

Pour en savoir encore plus visitez :
www. crakingdavinci. com

L'Adoration des Mages

« Les mystères ont toujours des amateurs. » C'est ainsi que Dan Brown présente les bribes d'informations qu'il nous fournit sur *L'Adoration des Mages*, le chef-d'œuvre inachevé de Léonard de Vinci. Dans son *Da Vinci Code*, l'auteur rapporte l'histoire de Maurizio Seracini, un spécialiste de l'analyse picturale de Florence. Sorte d'archéologue de l'art des temps modernes, Seracini a découvert que les couches de saleté et de peinture recouvraient en réalité une composition différant beaucoup de ce qui apparaissait en surface. Embarrassée par cette découverte, la direction de la galerie des Offices de Florence choisit dans le roman de bannir la toile dans un entrepôt voisin. Le personnage qui rapporte l'anecdote cite un article du *New York Times Magazine*, intitulé « The Leonardo Cover-Up ».

L'article en question est authentique. Rédigé en avril 2002 par Melinda Henneberger, il est consacré au travail de Maurizio Seracini, diagnosticien de l'art de Florence. Seracini est devenu célèbre pour avoir révélé les secrets des vieux maîtres en utilisant des technologies jusque-là réservées au domaine médical. Il a appliqué ses méthodes aux œuvres de Botticelli, du Caravage, de Raphaël et de bien d'autres. La galerie des Offices, où se trouve *L'Adoration des Mages,* a demandé à Seracini

17

d'examiner le tableau et de résoudre le débat qui agitait le monde de l'art : le chef-d'œuvre devait-il être restauré comme *La Cène* l'avait été quelques années auparavant ? Si beaucoup jugeaient l'œuvre trop fragile pour subir les rigueurs d'une restauration, d'autres, notamment la direction de la galerie, répliquaient que l'œuvre souffrait d'années de négligence et avait au moins besoin d'un bon nettoyage.

À l'issue de l'examen, Seracini produisit un rapport qui suscita aussitôt la controverse et dont les conclusions inattendues ne sont pas encore pleinement admises dans le milieu de l'art. Il a déclaré : « Léonard n'a pas appliqué une seule couche de la peinture que nous voyons dans *l'Adoration*. Dieu seul sait qui était le peintre, mais ce n'était pas lui. » D'après Seracini, la maladroite couche de marron et d'orange qui orne maintenant le tableau a été apposée ultérieurement. Il souligne le fait que nombre de personnages représentés manquent totalement de la finesse et de la qualité propres à de Vinci, surtout lorsqu'on examine de près le rendu de certaines parties de l'anatomie humaine. De surcroît, l'expert italien soutient que, sous les couches de peinture et de crasse, figure une scène bien différente du tableau de surface.

Jusque-là, ce que dit le *Da Vinci Code* de *L'Adoration des Mages* est exact ; cependant, le roman va plus loin. Dan Brown laisse entendre que la galerie des Offices a enlevé le tableau des salles d'exposition à cause des découvertes de Seracini. Ce n'est pas le cas. L'œuvre, transportée dans un entrepôt pour être soumise au scanner de Seracini, y est restée dans l'attente d'une décision de la direction. Une pancarte indiquant que l'œuvre a été retirée pour restauration figure à l'emplacement qu'elle occupait dans la salle numéro 15, consacrée à Léonard de Vinci. La pratique est commune dans de telles circonstances. Cependant, il est vrai que les découvertes de Seracini sont une source d'embarras, autant pour les Offices que pour de nombreux exégètes de l'art attribuant à Vinci, depuis des années, les parties peintes de l'œuvre. Y voir une conspiration pour cacher la véritable « signification » du tableau au grand public est peut-être exagéré...

Le travail de Seracini a révélé ce qui était auparavant dissimulé sous la peinture. Grâce à l'emploi de la réflectographie infrarouge, on a pu avoir un aperçu des images qui existent sous les couches de couleurs et de vernis. La scène apparaît fort différente du thème général de la surface. Il semble que Vinci ait voulu donner l'image d'un monde en reconstruction sur ses propres ruines, un reflet de son état d'esprit au début de la Renaissance. On retrouve le même thème dans les personnages occupés à construire un escalier dans la version originale. Une autre zone de l'original montre plusieurs chevaux qui se heurtent avec violence, sorte de version précoce de la légendaire *Bataille d'Anghiari*. L'ensemble dénote une parfaite expression de l'émotion et un rendu du mouvement sans commune mesure avec l'exécution banale de l'œuvre de surface. À l'heure actuelle, Seracini se consacre à la recherche de la fameuse *Bataille d'Anghiari*, censée avoir été peinte sur une des parois de la salle des Cinq Cents du Palazzo Vecchio de Florence. Il est convaincu que la fresque existe toujours derrière l'un des murs de la Grande Galerie.

L'Adoration des Mages a été commandée en 1481. C'est une œuvre de grande taille — deux mètres quarante-quatre sur deux mètres quarante-six —, exécutée sur dix panneaux de bois collés entre eux. Jusqu'aux récentes études de Seracini, cette œuvre, particulièrement appréciée pour le contraste entre l'usage de la peinture et les figures dessinées, était considérée comme celle d'un génie. Le tableau représente une scène, maintenant estompée, où les trois Rois mages visitent l'Enfant Jésus et sa mère Marie. Le *Da Vinci Code* n'a pas mis en lumière certains éléments intéressants et peut-être symboliques qui apparaissent dans ce tableau. En arrière-plan de la scène centrale et du groupe de personnages principaux, figure un caroubier. Comme le soulignent Clive Prince et Lynn Picknett dans *La Révélation des Templiers*, le caroubier est un arbre associé à saint Jean-Baptiste, figure centrale de nombreuses œuvres de Léonard de Vinci. Un second groupe de personnages est rassemblé autour de cet arbre, auquel ils semblent rendre hommage. L'un d'entre eux lève l'index de la main gauche dans ce que Picknett et Prince appellent le geste de Jean-Baptiste. Dans le groupe assemblé autour de la Vierge et de l'Enfant, une seconde silhouette dresse aussi le doigt. Cette posture se retrouve dans de nombreuses œuvres de Léonard. Le geste de Jean-Baptiste demeure l'un des éléments les plus énigmatiques de l'œuvre de Vinci.

Voir aussi : Léonard de Vinci.

Alexander Pope

Le second cryptex, ou puzzle, que Robert Langdon et Sophie Neveu doivent décoder, a pour clé l'énigme suivante : « Un chevalier à Londres gît, qu'un Pope enterra... » Une recherche dans une base de données leur permet de comprendre que le Pope dont il est question n'est autre qu'Alexander Pope (le mot anglais pour *pape*), poète et satiriste britannique (1688-1744).

Le chevalier auquel se réfère l'énigme est sir Isaac Newton. Pope écrivit les lignes suivantes sur lui :

La Nature et ses Lois
Se cachaient dans la Nuit ;
Dieu dit : « Que Newton soit ! »
Et tout devint lumière.

Pope soulignait ainsi le fait que Newton a rendu possible une meilleure compréhension du mouvement des planètes et de la nature de la lumière. Le scientifique avait inventé un télescope qu'il présenta à la Royal Society à Londres. La référence à l'enterrement du chevalier conduit les personnages à la tombe de Newton dans l'abbaye de Westminster.

Alexander Pope naquit à Londres, dans la famille d'un marchand de lin. Exclu de l'éducation générale à cause de sa foi catholique romaine, il fut dans l'incapacité d'entreprendre des études universitaires ou de prétendre à un emploi public. Cette situation ne l'empêcha pas de devenir un spécialiste distingué de latin et de grec ; ses talents d'helléniste lui permirent même de gagner la somme considérable de deux mille livres pour ses traductions anglaises de *L'Iliade* et de *L'Odyssée* d'Homère. Pope subit les séquelles d'une maladie contractée dans son enfance, probablement le mal de Pott, une infection de la colonne vertébrale par le bacille de la tuberculose, qui limita sa croissance à un mètre quarante et l'obligea à porter sa vie durant un corset destiné à soutenir son dos voûté.

Le premier ouvrage remarquable de Pope, *An Essay on Criticism,* a été publié en 1711. Il n'avait alors que vingt-trois ans. Il contient la célèbre citation : « *A little learning is a dangerous thing* » (Peu de savoir est dangereux). *The Rape of the Lock* est une autre de ses œuvres, qui utilise la satire pour ridiculiser l'univers mondain de la haute société.

À cette époque, Pope était célèbre pour les âpres querelles littéraires qui l'opposaient à d'autres auteurs. *The Dunciad*, écrite en 1728 et revue en 1742, est une satire virulente des critiques et des mauvais auteurs. Et dans *Imitations of Horace*, Pope attaquait l'une de ses anciennes amies, lady Mary Wortley Montagu.

En dépit de sa réputation de polémiste, il avait de nombreux intimes, dont Jonathan Swift, Robert Harley (premier duc d'Oxford) et Martha Bount, qui reçut en héritage la propriété de Pope après sa mort, en 1744. Il était aussi un admirateur déclaré de sir Isaac Newton, comme le montre son hommage au grand homme.

Voir aussi : Isaac Newton ; Monument de Newton.

Ankh

L'ankh est un symbole de l'ancienne Égypte et le hiéroglyphe signifiant « vie ». Décrit comme une croix sur-montée d'une boucle, il représente sans doute une lanière de sandale ou un étui pénien. La plupart des égyptologues défendent la pre-mière hypothèse, à cause de l'importance de la sandale dans le pays. Il faut se souvenir que la morsure du scorpion guettait ceux qui marchaient pieds nus et constituait un danger de mort réel. Cependant, d'autres thèses défendent l'idée que l'ankh repré-senterait les organes reproducteurs de la femme, ce qui serait logique, compte tenu du pouvoir qu'on lui prête de donner la vie. Cette association avec le principe féminin ou la déesse est la raison pour laquelle Jacques Saunière, conservateur du Louvre dans le *Da Vinci Code*, a ajouté de nombreux ankhs aux collections du musée.

La faculté de donner la vie est étroitement associée à la figure du roi, comme le mettent en lumière les scè-nes représentées dans les temples de l'ancienne Égypte. On retrouve ce phénomène dans les bas-reliefs de la période amarnienne, où les rayons du soleil se terminent par des ankhs offerts aux narines du pha-raon Akhénaton et à son épouse Néfertiti. L'offrande aux narines royales était appelée le « souffle de la vie ».

Puisque les Égyptiens de l'Antiquité étaient persuadés que l'écriture possédait une grande puissance occulte, capable de donner vie aux objets, les signes individuels renfermaient leur propre pouvoir divin. L'ankh est devenu une icône magique très courante ; on le retrouve souvent porté comme amulette protectrice en raison de sa nature et de son pouvoir intrinsèques. Il faut toutefois que la couleur soit ajoutée au symbole pour que le porteur de l'amulette puisse éveiller l'énergie protectrice. Ainsi un ankh rouge était signe de vie et de régénération, le bleu indiquait la fertilité, le vert symbolisait la guérison, le blanc servait dans les rituels de purification, devenant ainsi la couleur des ankhs religieux, et le noir était le signe de la résurrection d'entre les morts.

Aujourd'hui, l'ankh est toujours utilisé par l'Église copte en Égypte à travers sa croix symbolique, appelée *croix ansée*.

Voir aussi : Église copte.

Asmodée

Asmodée représente le démon qui, selon la légende, aurait aidé Salomon à construire le Temple. Il est censé être représenté à l'entrée de l'église Marie-Madeleine, à Rennes-le-Château, et l'on se réfère à lui comme au « démon gardien » des documents du Prieuré de Sion, les Dossiers secrets. Le démon était aussi considéré par les cathares comme le « Roi du Monde ». Bien qu'il n'y ait pas d'allusion directe dans le *Da Vinci Code*, Asmodée y figure comme une silhouette fantomatique qui surgit çà et là dans les histoires et les légendes explorées par Sophie au cours du récit.

Voir aussi : Dossiers secrets ; Cathares ; Prieuré de Sion.

Baphomet

Les Templiers ont été accusés de rendre un culte à l'idole Baphomet, charge qui pèsera lourd dans la chute de l'ordre.

Il est fait allusion à Baphomet dans le *Da Vinci Code* au moment de la découverte du quatrain révélant le code destiné à ouvrir le cryptex. L'énigme indique qu'il faut utiliser le système de chiffrage Atbash pour découvrir la bonne réponse.

Selon certaines théories, le mot « Baphomet » serait une version corrompue du mot « Mahomet », nom du prophète musulman. D'autres estiment qu'il proviendrait de l'association de deux mots grecs, signifiant « plongée dans la sagesse ». Quelle que soit l'origine étymologique du mot, on a prétendu que les Templiers pratiquaient un culte devant une grande statue représentant Baphomet. Dans les traditions occultes modernes, Baphomet est décrit avec la tête d'une chèvre et le corps d'un homme aux pieds fourchus. Cependant, cette description, qui paraît bien moderne, semble plutôt tirée de la magie noire et des rituels sataniques rattachés aux pratiques des chevaliers du Temple au dix-neuvième siècle.

L'application du code Atbash au mot « Baphomet » est très exactement décrit dans le roman et révèle le mot « sophia », écrit en hébreu. La référence n'a rien d'anodin, puisque l'héroïne du *Da Vinci Code* s'appelle Sophie Neveu. Ce sens caché a d'abord été mis en lumière par Hugh Schonfeld, expert des Manuscrits de la Mer morte, et auteur du *Mystère Jésus*. Schonfeld a appliqué le code Atbash sur certains passages difficiles à comprendre dans les Manuscrits de la Mer morte et obtenu d'excellents résultats. Quand il fut convaincu que les Templiers connaissaient l'Atbash grâce à leurs voyages en Terre sainte, il appliqua le code au mot « Baphomet ». Le mot révélé — sophia — signifie « sagesse ». Cependant, tout n'est pas dit. Le mot « sophia » peut aussi être considéré dans son rapport avec la Déesse Mère, ou le Féminin sacré, avec l'idée séduisante que les chevaliers du Temple rendaient effectivement un culte à la déesse. Un culte secret et codé.

Voir aussi : Code Atbash ; Chevaliers du Temple.

Bernard de Clairvaux

À l'intérieur comme à l'extérieur de l'Église, saint Bernard de Clairvaux (1090-1153) fut probablement le plus grand défenseur des chevaliers du Temple. Son histoire est essentielle pour comprendre cet ordre, mentionné dans le *Da Vinci Code* à la lumière de son association avec le Saint-Graal.

Né en 1090 à Fontaine-les-Dijon, l'un des centres du culte de la Vierge noire, saint Bernard fut l'une des plus importantes figures spirituelles et politiques de la période médiévale. Sa famille était de petite noblesse, son père, chevalier et vassal du duc de Bourgogne. Bernard bénéficia d'une bonne éducation et manifesta très tôt une nature méditative et studieuse.

En 1113, à vingt-trois ans, il rejoignit le petit monastère de Cîteaux, où il expérimenta les rigueurs de la règle cistercienne. Ses discours, qui exaltaient les vertus de la vie religieuse, étaient si éloquents qu'il fut bientôt rejoint au monastère par quatre de ses frères, son père veuf et trente de ses parents. À l'époque, on prétend que « les mères cachaient leurs fils, les épouses leurs maris, les compagnons leurs amis » pour éviter qu'ils ne soient convaincus de suivre Bernard au monastère.

Le monastère de Cîteaux était très pauvre, et le mode de vie, austère entre ses murs — qualités propres à satisfaire Bernard, qui recherchait avant tout une existence simple et propice à la méditation. Il manifestait son humilité en prenant juste assez de nourriture et de repos pour ne pas défaillir. Sa réputation de piété et de simplicité se répandit rapidement, et, en 1115, il fut envoyé fonder le monastère de Clairvaux en Champagne, à la tête d'une troupe de moines. En quelques années, l'abbaye de Clairvaux rencontra un tel succès que cent soixante-trois monastères de l'ordre apparurent dans toute l'Europe.

C'est à Clairvaux que Bernard, encore tout jeune abbé, entama la rédaction de ses écrits spirituels et une série de prêches sur l'Annonciation. Il y exaltait les vertus de la Vierge Marie en insistant sur ses qualités de conciliatrice. Ses nombreux sermons mettent en lumière sa dévotion envers elle. Il prétend même avoir reçu l'inspiration divine dans son enfance, en tétant trois gouttes de lait tombées de la poitrine d'une statue de la Vierge noire de Châtillon, expérience qui explique son attachement particulier au culte de la Vierge noire. Bernard écrivit près de quatre-vingt-dix sermons sur le Cantique des cantiques, dans l'Ancien Testament, dans lesquels il rapproche le personnage de la Fiancée, qui se décrit elle-même comme « noire, mais agréable », de Marie de Béthanie, autre nom utilisé à l'époque pour désigner Marie-Madeleine.

Saint Bernard entretenait aussi des relations avec les chevaliers du Temple. Il devint le principal avocat du mouvement quand il fut question de leur accorder le statut d'ordre militaire et religieux. Ses liens avec les Templiers étaient encore plus profonds : il a contribué à la rédaction du serment que chaque chevalier devait prononcer en entrant dans la confrérie. Ce serment, aussi appelé la règle du Temple, exhortait les chevaliers à « l'obéissance envers Béthanie, le château de Marie et Marthe ».

Grâce à sa réputation et à sa copieuse production littéraire, l'influence et l'autorité de saint Bernard augmentèrent graduellement en dehors de Clairvaux. En 1130, on réclama sa médiation pour tenter de résoudre le schisme qui menaçait la stabilité et la cohérence de l'Église. À la mort du pape Honorius II, deux papes avaient été élus par des factions rivales de cardinaux : Anaclet II et Innocent II. La désignation du meilleur candidat échut à Bernard. Après réflexion, il statua en faveur d'Innocent II, lequel était venu se réfugier en France. Avec son enthousiasme habituel, saint Bernard put convaincre la France, l'Angleterre, l'Espagne et l'Allemagne d'accepter Innocent II comme leur pape. Finalement, il réussit même à persuader l'empereur Lothaire III et Anaclet II fut chassé de Rome.

Saint Bernard est aussi connu pour ses attaques contre Pierre Abélard, un « intellectuel » d'une grande influence, aux discours souvent considérés comme hérétiques, et dont il provoqua la ruine. Il condamna Abélard avec ténacité en ne lui laissant aucun répit, même après la tentative de réconciliation organisée par l'abbé Pierre le Vénérable. Cet affrontement brisa Abélard. Bernard détestait toutes les formes d'hérésie, se battit longuement et férocement contre toutes sortes d'hérétiques, notamment les cathares.

Bernard prêcha la deuxième croisade au nom du pape Eugène II, et nombreux furent ceux qu'il persuada de prendre les armes. Or la deuxième croisade fut un terrible échec et le blâme retomba sur lui, que tous considérait comme l'instigateur de cette guerre sainte.

Saint Bernard menait chacune de ses entreprises sans réserve, avec enthousiasme. Cela lui donna la réputation d'être injurieux, insidieux, belliqueux, agressif, sournois et, malgré sa dévotion manifeste envers la Vierge, misogyne. Il mourut le 20 août 1153 à Clairvaux, et fut canonisé le 18 janvier 1174 par le pape Alexandre III.

Au cours de sa vie, il rédigea dix traités spirituels, plus de trois cents sermons, et on a retrouvé cinq cents lettres de sa main. Il est le saint patron des abeilles, des apiculteurs, des fabricants de bougies, des vendeurs de matériel maritime, des raffineurs et des fondeurs de cire.

Pour un homme aussi éloquent, sa définition de Dieu tenait en des termes fort séculiers : « La longueur, la largeur, la hauteur et la profondeur ». Il semble ici faire allusion à l'idée que Dieu est compris dans la divine harmonie des nombres, par exemple dans les mystérieuses propriétés du Nombre d'Or.

Voir aussi : Croisade des Albigeois ; Vierges noires ; Cathares ; Nombre d'Or ; Chevaliers du Temple ; Marie-Madeleine.

Bézu Fache

Personnage du *Da Vinci Code*, Bézu Fache est le policier français chargé d'enquêter sur la mort de Jacques Saunière, le conservateur du Louvre. Son nom patronyme, « Fache » (prononcez « fâché »), est en rapport avec ses manières sèches. Quand Robert Langdon rencontre Fache, il remarque que celui-ci porte une *crux gemmata* en guise d'épingle de cravate : un crucifix incrusté de treize pierres qui représentent le Christ et ses disciples.

Le prénom Bézu est le nom d'une localité du sud de la France, associée à deux organisations souvent évoquées dans le roman. Les chevaliers du Temple avaient une forteresse au sommet du pic du Bézu, où l'on pense qu'ils gardaient un trésor. Le Bézu est situé au sud-est de Rennes-le-Château, le village où Béranger Saunière, un prêtre, arriva dans la paroisse en 1885. Les activités de ce curé et le mystère qui les entoure sont largement étudiés dans *L'Énigme sacrée*, que Teabing décrit comme le « plus célèbre » ouvrage sur la lignée du Christ au moment où, avec l'aide de Langdon, il initie Sophie aux mystères du Graal.

Voir aussi : Énigme sacrée ; Chevaliers du Temple ; Prieuré de Sion.

Cathares

Le fait que l'Église chrétienne ait écrasé de prétendues sectes et hérésies est abondamment mentionné dans le *Da Vinci Code*. Les cathares en font partie, et ils jouent un rôle essentiel dans les théories avancées par *L'Énigme sacrée*, ouvrage qui a servi de base à l'intrigue du roman de Brown. L'histoire des cathares puis la répression brutale dont ils ont été victimes sont l'un des fondements principaux du mystère central qui étaye le *Da Vinci Code*. Les cathares croyaient au mariage de Jésus et de Marie-Madeleine, ce qui a largement contribué à leur chute.

Les cathares, membres d'une secte chrétienne, connus aussi sous le nom d'Albigeois, étaient très populaires vers le douzième et le treizième siècles dans la région du Languedoc et dans le nord de l'Italie. C'était une ramification d'une secte hérétique des Balkans, les Bogomiles, dont l'existence remonte au milieu du dixième siècle. Au troisième concile de Latran, le pape dénonça publiquement l'Église cathare.

Le nom « cathare » viendrait soit du grec *katharas*, qui signifie « pur/purifié », soit de l'allemand *ketter*, qui signifie « hérétique ». Tout en étant jugés hérétiques par l'Église catholique, les cathares se considéraient comme de vrais chrétiens, et s'appelaient « chrétiens » ou « bonshommes ».

Le principal bastion des cathares se trouvait en Languedoc, qui était à l'époque une région indépendante et prospère. Parmi la noblesse locale, nombreux étaient les sympathisants de la foi cathare, voire les pratiquants. Grâce à leur pacifisme, les cathares n'inspiraient aucune crainte aux seigneurs du Languedoc, et leur objectif, qui se résumait à mener une existence simple, pure et paisible, attirait beaucoup de nouveaux convertis.

Mais les cathares finirent par devenir odieux aux yeux de l'Église catholique. Ils refusaient en effet de reconnaître l'autorité du pape. Ils estimaient que la croix symbolisait le mal, la torture et la mort, et désapprouvaient le trafic des reliques, commerce fort lucratif pour l'Église à cette époque. Le pape avait même envoyé des missionnaires en Languedoc, dont Bernard de Clairvaux, pour ramener les cathares au sein de la véritable Église, mais tous avaient échoué.

À cause de la disparition de la plupart de leurs documents, l'information sur l'histoire des cathares, leur évolution et leurs croyances, est rare. Ce qui reste vient de rapports et de dépositions rédigés par ou pour l'Inquisition, on peut donc douter de l'impartialité des sources.

Néanmoins, nous savons que la religion cathare reposait sur un dogme, le dualisme : en d'autres termes, l'existence de deux principes opposés et égaux, Dieu et le diable, le Bien et le Mal, la lumière et l'obscurité. Le paradis était un royaume spirituel, pur et vertueux. Le monde physique et matériel était mauvais et corrompu. Donc l'âme pure et immuable, qui appartenait à Dieu, se trouvait prisonnière d'un corps mauvais et corrompu, qui appartenait au diable. Seul le détachement du monde matériel permettait de libérer l'âme et de la restituer à Dieu. Pour y parvenir, il fallait observer une existence de pureté absolue, s'abstenir de se livrer au mal représenté par la chair et le monde matériel.

Pour les cathares, puisque la chair était du côté du mal, le Christ n'aurait pu en aucun cas naître de la Vierge Marie : bien qu'immaculée, cette dernière restait une femme réelle. Dès lors, la figure de l'Immaculée Conception devenait forcément une invention symbolique : le Christ, esprit pur et désincarné, se serait « projeté » dans la Vierge Marie. Les cathares rejetaient également la Crucifixion et la Résurrection du Christ, parce que, s'il n'avait pas eu un corps physique, rien de tout cela n'aurait pu arriver. De la même manière, ils ne croyaient pas en la transsubstantiation (pain et vin de l'Eucharistie devenant corps et sang du Christ), ni en l'existence du purgatoire, l'efficacité des prières et la vénération des images. Ils refusaient l'existence de la sainte Trinité (le Père, le Fils et le Saint-Esprit), voyaient en Jean-Baptiste un instrument du diable envoyé sur Terre pour usurper la mission de salut du Christ, et en Marie-Madeleine la femme du Christ ; étant un pur esprit, mais habitant un corps corrompu, ce dernier pouvait se marier.

Les cathares rejetaient les sacrements catholiques (baptême, communion, confirmation, ordination, pénitence, extrême-onction et mariage) et recevaient le *consolamentum*, ou consolement, qui rend l'âme à son état de perfection. Tous ceux qui recevaient le *consolamentum* étaient appelés *Perfecti*, les parfaits. À partir de ce moment, les Parfaits devaient conserver leur pureté intacte, éviter la corruption de la chair en s'abstenant de manger de la viande, de la volaille ou des œufs, en pratiquant le célibat et la chasteté. Les rigueurs de l'existence des Parfaits étaient telles que les croyants ordinaires, les *credentes*, n'avaient pas à suivre de régime strict, pouvaient se marier et avoir des enfants. Les *Perfecti* se consacraient à atteindre la pureté en menant une existence austère, monastique, ils voyageaient par deux, prêchant et soignant les malades au cours de leurs déplacements. Juste avant leur mort, les *credentes* recevaient le *consolamentum*. À partir de ce moment, ils devenaient des Consolés et entraient dans l'état d'*endure*, où seule l'eau pouvait entrer en contact avec leurs lèvres. Comme ils se trouvaient dès lors en état de grâce, aucune femme n'était autorisée à les toucher. Les femmes étaient considérées comme particulièrement impures à cause de leur supposée participation à la Chute, quand le diable avait détourné plusieurs âmes du paradis en les tentant par une beauté féminine. Cependant, elles étaient aussi considérées comme des égales et devenaient parfois des *Perfecti*. Mais aucun des *Perfecti* ne pouvait toucher une femme enceinte, à cause de la corruption découlant des rapports sexuels et parce que le fœtus passait pour une création du diable.

Ceux qui mouraient sans recevoir le *consolamentum* voyaient leur âme condamnée à se réincarner dans l'enveloppe d'un animal ou d'un être humain jusqu'à ce qu'elle se retrouve dans le corps d'un Bonhomme et puisse ainsi accéder à la perfection. Le martyre était aussi un moyen d'éviter la chaîne des réincarnations. Les cathares avaient même résolu de pardonner à leurs tourmenteurs, ce qui explique peut-être pourquoi des milliers de personnes étaient prêtes à sacrifier leur vie à leur foi. Les cathares n'acceptaient pas non plus le dogme du Jugement dernier et croyaient que le monde physique disparaîtrait quand toutes les âmes en seraient libérées.

Outre le dualisme, le salut personnel faisait partie des croyances des cathares : même les gens ordinaires étaient encouragés à lire la Bible, surtout l'Évangile selon saint Jean, dans le Nouveau Testament, dont les vues ont été fondamentales dans l'établissement de la foi cathare. Le seul texte sacré qu'on puisse leur attribuer est le Nouveau Testament de Lyon en langue occitane : l'Évangile selon saint Jean enrichi de révélations dualistes. L'Église cathare était organisée en diocèses, avec des évêques, des diacres et des Parfaits. Les célébrations informelles se tenaient en plein air, dans des grottes ou chez des particuliers.

En 1209, le pape Innocent III lança une croisade pour éliminer les cathares. Particulièrement sanglante et cruelle, la croisade des Albigeois, ainsi nommée d'après la ville cathare d'Albi, faucha des milliers de vies, chrétiens et cathares confondus. À cette époque, les cathares commencèrent à fortifier des sites, comme le château de Montségur, dans le sud du Languedoc, ancien lieu de méditation. Avec la croisade, Montségur devint un refuge : en 1243, le siège fut établi devant la forteresse ; l'âpre terrain montagneux augmentait les difficultés des croisés. Après un siège de dix mois, pendant lequel de nombreux soldats se seraient convertis et auraient quitté les rangs des assiégeants pour rejoindre ceux des cathares, les assiégés renoncèrent le 2 mars 1244. Les termes de la reddition leur accordaient quinze jours pour se préparer à leur sort. La veille du jour fatidique, quatre personnes s'échappèrent de Montségur par les pentes escarpées à l'arrière du château, emportant le trésor des cathares. Sa véritable nature n'a jamais été révélée et a fait l'objet de nombreux débats dans une multitude d'ouvrages. Plusieurs hypothèses ont été évoquées quant à ce qu'il pouvait contenir, le Saint-Graal, la légendaire « tête parlante » des Templiers, connue aussi sous le nom de Baphomet, d'importants objets rituels du culte cathare, des textes sacrés ; ou, comme le suggèrent Lynn Picknett et Clive Prince dans *La Révélation des Templiers*, ce trésor aurait pu être les quatre cathares eux-mêmes. Le jour de la reddition, les deux cent cinq cathares qui restaient à Montségur furent conduits hors de la forteresse et descendirent la montagne en chantant, jusqu'à un champ où ils furent tous brûlés sur un bûcher.

La croisade des Albigeois se prolongea pendant encore onze ans, jusqu'en 1255. L'Inquisition se chargea ensuite de débarrasser la région du catharisme, dont de petites poches de survivance existaient encore dans les Pyrénées. Les informations sur cette époque proviennent principalement des dépositions des habitants du petit village de Montaillou, questionnés par les inquisiteurs. En 1320, la plupart des chefs cathares avaient été brûlés comme hérétiques et le catharisme ne refit jamais surface.

Voir aussi : Croisade des Albigeois ; Baphomet ; Bernard de Clairvaux ; Énigme sacrée.

Cathédrale de Chartres

Robert Langdon est venu en France pour donner une conférence sur le symbolisme païen contenu dans l'architecture de la cathédrale de Chartres. Cet édifice est situé dans le département de l'Eure-et-Loir. Chartres est un haut lieu de la chrétienté depuis le sixième siècle. Au neuvième siècle, l'endroit a été consacré au culte de la Madone ; il n'est donc pas surprenant d'apprendre que la cathédrale est dédiée à sainte Marie, mère du Christ.

Au onzième siècle, l'église de Chartres fut remplacée par une cathédrale romane classique, quasiment détruite par un incendie au début du douzième siècle. Débuta en 1145 l'édification d'une nouvelle cathédrale, encore plus grande et plus impressionnante, qui évolua à travers les décennies jusqu'à devenir la magnifique construction gothique que l'on peut voir de nos jours. Un autre incendie, en 1194, inaugura une phase de travaux complémentaires jusqu'à l'achèvement de l'édifice, en 1225.

Avec ses tours caractéristiques, ses volutes, ses voûtes nervurées, ses arches pointues, ses arcs-boutants qui supportent le poids du toit et ses vitraux impressionnants, la cathédrale de Chartres servit de modèle à de nombreuses cathédrales construites en France à l'époque. L'architecture gothique créait pour la première fois un espace lumineux, propre à frapper les esprits, qui permit à ses concepteurs d'y incorporer la géométrie sacrée et le symbolisme prévalant alors, même s'ils n'étaient connus que d'une élite.

L'apparition de cette nouvelle architecture gothique semble coïncider avec la période qui a suivi la fin de la deuxième croisade, au milieu du douzième siècle. Pour cette raison, elle a été considérée comme une preuve que les croisés étaient revenus porteurs de concepts nouveaux, issus de contrées exotiques, aussi bien dans le domaine architectural que dans celui de la pensée. D'autres y voient une manifestation de la géométrie secrète et des méthodes architecturales découvertes par les chevaliers du Temple à Jérusalem. Quelle que soit l'origine de l'architecture gothique, sa magnificence était amplifiée par l'iconographie et le symbolisme, profanes ou religieux, dont témoignent ses nombreuses statues, sculptures, peintures et vitraux. Au-delà du sens évident des ornements et de l'architecture, les motifs et les représentations dissimulent des significations cachées, un savoir secret. Dédiée à la Vierge Marie, la cathédrale décline le principe féminin. Les arches qui surmontent les entrées et la rosace ont été associées à l'anatomie féminine, comme pour inviter le visiteur à pénétrer à l'intérieur. L'édifice recèle nombre de statues et de représentations féminines ; à signaler, la statue de la reine de Saba qui, curieusement, porte une barbe. La plus ancienne représentation connue de Marie-Madeleine figure sur l'un des vitraux. Il dépeint sa vie en France, suivant la tradition qui veut qu'elle s'y soit rendue après la Crucifixion. En 1200, les onze circuits d'un labyrinthe à quatre quadrants sont installés au sol. Au centre, un motif de rosace figure l'illumination et le principe féminin. Le labyrinthe intégré au sol et parcouru par les pèlerins pour une prière méditative est un autre des symboles de l'anatomie féminine souvent utilisés à l'époque.

La cathédrale contient également des éléments utilisant la *gematria*, ancien code hébreu employé pour épeler des phrases religieuses. Une valeur numérique est assignée à chaque lettre, et les mots forment le nombre qui représente la somme de ses lettres. Il est donc possible d'échanger des informations en utilisant des mots qui devront être remplacés par d'autres, possédant la même valeur numérique. Certaines informations utilisant ce chiffrement sont cachées dans l'édifice, ainsi que des références à l'Arche d'alliance.

Voir aussi : Culte de la déesse ; Marie-Madeleine.

Cène (La)

Aux yeux de nombre d'experts et d'historiens de l'art, *La Cène* de Léonard de Vinci est la plus grande œuvre picturale du monde. Dans le *Da Vinci Code*, Brown reprend quelques interprétations symboliques de la composition, quand Sophie apprend chez Leigh Teabing que Vinci a peut-être dissimulé un grand secret dans son chef-d'œuvre.

La Cène est une fresque peinte sur un mur du réfectoire de Santa Maria delle Grazie à Milan. Même du vivant de l'artiste, cette réalisation passait pour la plus célèbre et la plus accomplie de ses œuvres. La peinture murale a été exécutée entre 1495 et 1497, mais, selon des témoignages contemporains, en moins de vingt ans, elle commençait déjà à se détériorer. Elle mesure quatre mètres soixante sur huit mètres quatre-vingt-cinq et a été réalisée à l'aide d'une technique peu durable : la peinture à la détrempe appliquée sur un fond de plâtre sec. Sous la couche principale, on trouve une ébauche de la composition, dans une couleur rougeâtre, méthode antérieure à l'usage des cartons préparatoires habituel-lement utilisés par Vinci.

On pense que l'œuvre a été commandé par Ludovic Sforza, duc de Milan, dont Vinci fréquentait la cour pour trouver la célébrité, plutôt que par le couvent de Santa Maria delle Grazie.

Le tableau a pour thème le moment où Jésus vient d'annoncer qu'un de ses disciples s'apprête à le trahir. Cette information nous est parvenue grâce à la *Divina Proportione* de Pacioli, qui la mentionne dans le troisième chapitre. Vinci a choisi de figer dans le temps le moment qui suit immédiatement cette annonce, et les différentes réactions des apôtres installés autour de la table. Pour donner à ses personnages l'expression de la vie, il étudia les poses, les expressions faciales, les physionomies de nombre de ses contemporains et les incorpora dans sa peinture. Les identités des différents disciples ont longtemps été un sujet de polémique, mais d'après les inscriptions portées sur une copie de la fresque qui se trouve à Lugano, ce sont de gauche à droite : Barthélemy, Jacques le Mineur, André, Judas, Pierre, Jean, Thomas, Jacques le Majeur, Philippe, Matthieu, Thaddée et Simon le Zélote.

Pour de nombreux historiens de l'art, la composition peut être aussi considérée comme une interprétation iconographique de l'Eucharistie, car Jésus montre des deux mains le pain et le vin sur la table. D'autres soutiennent que le thème unique est l'annonce de la trahison. Malgré ces différentes interprétations, la plupart des experts s'accordent sur la position idéale qui permet d'avoir la meilleure appréciation de la fresque, soit entre quatre et quatre mètres soixante au-dessus du niveau du sol, et de huit à dix mètres de distance du mur. Certains ont prétendu que la composition et son système de perspective sont fondés sur les proportions d'un canon musical, même si leur théorie a été contredite.

Parmi toutes les représentations de cet épisode des Évangiles, *La Cène* est unique par l'étonnante diversité des émotions et des réactions des apôtres en apprenant que l'un d'eux va trahir leur Seigneur. Aucune autre composition picturale de la Cène n'offre une tel fourmillement de détails, un tel soin dans la composition.

Qu'en est-il donc des mystères censés être recelés dans ce chef-d'œuvre ? Dans leur ouvrage *La Révélation des Templiers*, Clive Prince et Lynn Picknett prétendent que plusieurs éléments dans la structure de l'œuvre trahissent un symbolisme caché.

D'abord, ils croient que la silhouette située à la droite de Jésus (à gauche quand nous regardons *La Cène*) n'est pas réellement Jean, mais une figure féminine. Elle est vêtue de couleurs en contraste avec celles que porte Jésus. Les bustes sont inclinés dans des directions opposées, formant ainsi un M entre eux et un V avec l'espace.

Deuxièmement, il semble qu'une main, serrant un couteau, n'appartienne à aucun des personnages représentés. Cette main est en quelque sorte sans corps.

Troisièmement, immédiatement à la gauche de Jésus (à droite pour le spectateur), Thomas s'oppose à lui, l'index tendu, ou avec le geste de Jean, selon l'expression de Prince et Picknett.

Enfin, les auteurs soutiennent que le personnage de Thaddée, qui tourne le dos à Jésus, serait en réalité un autoportrait de Léonard de Vinci.

Analysons ces affirmations point par point. Une observation minutieuse de l'œuvre révèle que le personnage situé à la droite de Jésus (à gauche pour nous) possède incontestablement des traits féminins ou efféminés. Picknett et Prince vont jusqu'à affirmer que les plis de la tunique de ce personnage révèlent le contour d'une poitrine féminine. Léonard de Vinci n'était pas opposé au fait d'octroyer des traits ou des attributs féminins à certains de ses personnages masculins. Par exemple, un examen soigneux de son fameux portrait de Jean-Baptiste montre que le prophète possède une peau pâle et glabre, une silhouette presque hermaphrodite. Mais qu'en est-il de cette position singulière dans *La Cène* occupée par Jésus et la figure Jean/femme, qui forme un V avec l'espace et un M si on y ajoute les deux corps ? Cette disposition implique-t-elle une quelconque signification symbolique ? Selon Picknett et Prince, l'alignement particulier des silhouettes, associé aux traits féminins de « Jean », induisent que ce personnage est en réalité Marie-Madeleine, le signe V symbolisant le Féminin sacré et le M., Marie/Madeleine. Que l'on soit ou non d'accord avec cette interprétation, nul ne peut nier son caractère original et séduisant.

Nous arrivons maintenant à la fameuse main privée de corps. Quelle est cette main visible à gauche de la table, près de la silhouette de Pierre ? Pourquoi tient-elle un couteau ou une dague d'une manière aussi menaçante ? Un autre trait remarquable de la fresque est la main gauche de Pierre, qui semble prête à s'abattre sur le cou du personnage féminin, dans un autre geste inquiétant. Que veut nous dire Vinci à propos de Pierre ?

Après une inspection attentive et rapprochée, il apparaît que main et couteau appartiennent effectivement à Pierre. Ce dernier appuie sa main droite tordue vers l'arrière contre sa hanche, d'une manière maladroite et peu naturelle. Quant à la main gauche de Pierre s'abattant sur le cou de Jean/Marie, une autre interprétation veut qu'il se contente de poser la main sur l'épaule dudit personnage. Le débat reste ouvert.

En ce qui concerne Thomas, immédiatement à la gauche du Christ (donc à notre droite), il lève son index gauche en un geste potentiellement menaçant. Ce geste de Jean, comme l'appellent Picknett et Prince, est présent dans beaucoup d'œuvres de Vinci et d'autres peintres contemporains. En bref, ce geste est censé symboliser un système secret de sagesse et de connaissance. Pour certains en effet, Jean-Baptiste aurait joué un plus grand rôle que celui qui lui est dévolu dans les Écritures. Je recommande la lecture de *La Révélation des Templiers* aux lecteurs désireux d'une explication plus complète.

Le personnage de Thaddée semble offrir une certaine ressemblance avec le vrai Vinci, si l'on se réfère à son célèbre autoportrait. Dans nombre de ses œuvres représentant Jésus où la Sainte Famille, figure un thème récurrent : au moins un des protagonistes tourne le dos au personnage central. L'*Adoration des mages* en est un exemple.

La récente et discutable restauration de *La Cène* a révélé des détails passionnants autour de cet étonnant chef-d'œuvre. Même si les significations encore incertaines ont produit suppositions et théories, la célèbre fresque recèle des messages cachés et l'expression d'un symbolisme oublié, tout comme de nombreuses compositions de Vinci. Néanmoins, les recherches doivent se poursuivre dans ce domaine, si nous souhaitons vraiment commencer à déchiffrer l'esprit du maître.

Voir aussi : Adoration des mages ; Léonard de Vinci.

Chevaliers du Temple

Le plus ancien des ordres religieux militaires, celui des chevaliers du Temple, fut fondé en 1118. Cette année-là, un chevalier de Champagne, un certain Hugues de Payens, et huit de ses compagnons prononcèrent un vœu perpétuel en présence du patriarche de Jérusalem. Initialement, ils vivaient d'aumônes et portaient le nom de Pauvres Chevaliers du Christ.

Les Templiers sont souvent mentionnés dans le *Da Vinci Code*, en association avec le Saint-Graal ou avec les recherches autour du prétendu trésor du Temple de Jérusalem.

Rapidement, les chevaliers du Temple adoptèrent le célèbre habit blanc des cisterciens, auquel ils ajoutèrent une croix rouge. Ils jurèrent de défendre les routes qui menaient à Jérusalem pour protéger le flot de nouveaux pèlerins qui affluaient de toute l'Europe après la première croisade. Cependant, en dépit de l'austérité apparente de leur règle monastique, les Templiers acquirent très vite un véritable pouvoir, vu le nombre croissant de ceux qui rejoignaient l'ordre.

À cette période, l'Église restait très favorable aux Templiers. Leurs propriétés étaient exemptes de taxes, ils recevaient des faveurs de toutes sortes, n'étaient soumis à aucune juridiction et n'avaient même pas à payer la dîme ecclésiastique. Pourtant, dans certaines parties du clergé séculier, une antipathie grandissante commençait à se manifester envers eux. Leur puissance fut encore renforcée par l'implantation d'une série de châteaux en Terre sainte, qui servaient de places fortes en cas de bataille mais comportaient aussi des chapelles où les moines-soldats pouvaient faire retraite.

Le nom des chevaliers du Temple semble se référer aux quartiers historiques situés dans le dôme du Rocher, sur le mont du Temple, et rebaptisé *Templum Domini*. Beaucoup pensaient que cet endroit correspondait au site du Temple de Jérusalem, construit par Salomon, avec ses supposés trésors. Des églises et des forteresses édifiées plus tard par les Templiers furent bâties sur ce modèle, comme Temple Church à Londres.

Les chevaliers du Temple bénéficiaient du patronage de Bernard de Clairvaux, qui se fit le défenseur de leur cause. Grâce à lui, ils obtinrent plusieurs bulles pontificales, qui les autorisaient à lever des taxes et à percevoir la dîme dans les régions placées sous leur contrôle. Cela leur conféra un pouvoir et une autorité immédiats.

L'ordre mit en place l'un des premiers systèmes de banque internationale. Les riches chevaliers et les propriétaires terriens n'hésitaient pas à leur confier une grande partie de leur fortune, contre rétribution bien sûr. Les Templiers finirent par posséder d'immenses propriétés tant en Europe qu'au Moyen-Orient ; après avoir participé à une campagne en Espagne, ils briguèrent même un temps la souveraineté du royaume d'Aragon.

L'ordre finit par avoir une réputation où le mystère le disputait à d'étranges rituels. Ajoutée à leur énorme puissance financière et militaire, elle fut probablement à l'origine de leur chute, en 1307. Le vendredi 13 octobre 1307 (d'où l'idée du vendredi 13 néfaste), un grand nombre de Templiers furent arrêtés sur ordre de Philippe le Bel, roi de France. Beaucoup subirent la torture avant d'être exécutés, d'autres furent forcés de reconnaître les prétendues pratiques hérétiques de l'ordre, y compris le culte de Baphomet, une idole à la tête de bouc. Une bulle du pape Clément V prononça leur dissolution, et les chevaliers du Temple cessèrent officiellement d'exister. Il semble cependant que des vestiges de l'ordre aient survécu, notamment en Écosse, auprès de Robert Bruce, déjà excommunié par l'Église, qui les accueillit chaleureusement. Certains en ont déduit qu'une division de Templiers se serait rangée du côté des Écossais à la bataille de Bannockburn en 1314, où une force de dix mille hommes menée par Bruce parvint à mettre en déroute un contingent de vingt-cinq mille Anglais.

Dès la dissolution de l'ordre, la rumeur se mit à enfler. On prétendait que les Templiers avaient trouvé un grand trésor sous le mont du Temple. De nombreuses histoires décrivaient des coffres remplis de livres et de documents secrètement conduits hors de France la veille des arrestations. Nombreux sont ceux qui désignent l'Angleterre ou l'Écosse comme destination finale de ces documents. Les théories abondent : ils n'auraient pas seulement découvert de grandes richesses sous le mont du Temple, mais également l'Arche d'alliance, voire le Saint-Graal — objets qui pourraient être néfastes pour l'Église. Les rumeurs et les légendes associent aussi les chevaliers du Temple à Rosslyn Chapel et à Rennes-le-Château, lieu central dans l'histoire du Prieuré de Sion.

En fait, les Templiers furent simplement victimes de leur propre succès. Leur pouvoir et leur position dominante les avaient rendus impopulaires dans certaines factions de l'Église, et c'est ce qui provoqua leur perte. Tous ces aspects, combinés au fait que le roi Philippe le Bel avait décidé de faire main basse sur leur organisation bancaire et leur réseau immobilier, rendaient leur ruine inévitable.

Les Templiers avaient-ils été créés pour protéger le secret du Saint-Graal et sa véritable nature ? Non, sans doute, mais à moins de découvrir enfin le trésor, nous ne le saurons jamais.

Voir aussi : Baphomet ; Bernard de Clairvaux ; Saint-Graal ; Prieuré de Sion.

Cilice

Le Cilice est le lien porté autour de la jambe par Silas, le moine albinos, dans le roman. Il s'agit d'une large chaînette serrée en haut de la cuisse, portée deux heures par jour par les membres de l'Opus Dei, connus sous le nom de numéraires. Peu d'entre eux admettent cette pratique, car, aux yeux du public, elle reste sans doute la plus choquante des mortifications corporelles qu'ils s'infligent. Le cilice peut laisser de petites écorchures dans la peau, mais il doit être très étroitement fixé autour de la jambe pour infliger à Silas les blessures dont il souffre dans le *Da Vinci Code*.

Voir aussi : Opus Dei.

Clément V

Le nom du pape Clément V apparaît dans le *Da Vinci Code* au moment de l'évocation de la catastrophe qui s'est abattue sur les Templiers en 1307. Après la chute des royaumes francs de Terre sainte entre les mains de ceux que l'Église catholique considérait comme des infidèles, l'ordre militaire avait beaucoup perdu de sa crédibilité. Au cours de ses discussions avec Robert Langdon et Leigh Teabing, Sophie Neveu apprend que la pape a condamné les pratiques des chevaliers du Temple, accusés de rendre un culte à la tête de Baphomet, considérée comme une idole.

Bertrand de Got, couronné pape sous le nom de Clément V, est né en 1264 en Gascogne. Il devint archevêque de Bordeaux à l'époque où il était le chapelain du pape Boniface VIII, en conflit avec le roi Philippe IV le Bel. Le roi avait pris comme une insulte la bulle pontificale de Boniface, *Unam Sanctam*, décrétant que l'autorité suprême était celle du pape. Un des agents de Philippe retint Boniface en captivité pendant trois jours. L'événement passa pour avoir hâté la mort du pontife. Il n'est donc guère étonnant qu'après sa propre élévation à la papauté en 1305, en présence du roi Philippe, Clément V ait adopté une position politique plus ouverte envers le souverain français. Il retira *Unam Sanctam*, bulle si offensante pour Philippe le Bel, et permit la tenue d'un procès qui accusait son prédécesseur d'hérésie. Clément trouva cependant le courage d'exprimer son opinion personnelle et déclara Boniface innocent des charges retenues contre lui. Enfin, il fit traîner le procès pendant deux ans, temps suffisant pour apaiser la rancune de Philippe.

Le souverain s'opposait aussi aux chevaliers du Temple, que leurs activités financières avaient considérablement enrichis. Les Templiers furent accusés d'hérésie, d'immoralité et de cupidité. Clément V apporta volontiers son appui à la répression de l'ordre, dont le point culminant se situa le 13 octobre 1307, avec l'arrestation de tous les Templiers de France, y compris leur grand maître, Jacques de Molay.

On usa de la torture pour obtenir des confessions reconnaissant l'hérésie, et en 1312 Clément V supprima l'ordre des chevaliers du Temple par une bulle pontificale intitulée *Vox in Excelso*. Les propriétés des Templiers furent attribuées à un autre groupe religieux et militaire, les Hospitaliers, mais, en France, le roi parvint à conserver leurs terres jusqu'à sa mort. Jacques de Molay, qui avait d'abord reconnu l'hérésie sous la torture, se rétracta, ce qui ne l'empêcha pas d'être brûlé en 1314. Avant de mourir, il aurait prophétisé que Philippe le Bel et Clément V le rejoindraient dans la mort avant la fin de l'année, ce qui s'avéra exact.

Quelques années auparavant, la situation politique en Italie s'était détériorée sous le règne de Clément V ; des factions rivales s'affrontaient et les armées du pape avaient mené bataille contre Venise. En 1309, le siège du pouvoir papal avait été transféré en Avignon, et cette période, connue sous le nom de papauté d'Avignon, dura près de soixante-dix ans.

Quand il mourut en avril 1314, Clément V laissa le souvenir d'un pape dévoué mais faible, devenu une marionnette entre les mains de Philippe le Bel.

Voir aussi : Baphomet ; Chevaliers du Temple.

Code Atbash

Dans le roman, la connaissance de ce système de codage hébreu se révèle indispensable à Sophie Neveu, Robert Langdon et Leigh Teabing pour l'une des énigmes laissées par Saunière, « avec Atbash vous sera révélé », etc.

Cette méthode de chiffrement, qui date de près de cinq cents ans avant J.-C., utilise les lettres de l'alphabet hébraïque dans un système de substitution où chaque lettre est remplacée par celle qui se trouve à égale distance en partant du côté opposé de l'alphabet. En d'autres termes, la première lettre est remplacée par la dernière, la deuxième par la pénultième, ainsi de suite.

Voir aussi : Baphomet ; Robert Langdon ; Sophie Neveu ; Leigh Teabing.

Codex Leicester

Carnet de notes composé par Léonard de Vinci à Milan entre 1506 et 1510. Il est rédigé recto verso, avec une encre sépia, sur dix-huit feuilles volantes de papier de lin, pliées chacune de façon à donner un total de soixante-douze pages. Vinci s'adresse au « lecteur » à plusieurs reprises au cours du texte.

Le Codex Leicester est un ouvrage remarquable par l'acuité de ses notes scientifiques et de ses déductions aussi bien que par l'usage de l'écriture en miroir. Cette dernière est imitée par Jacques Saunière dans le *Da*

Vinci Code pour déguiser le vers qui doit servir à déchiffrer l'énigme du premier cryptex. De nombreux croquis accompagnent le texte, et les observations couvrent des domaines étendus et variés, des théories sur l'astronomie aux propriétés des minéraux, de l'eau, des fossiles, de l'air et de la lumière céleste.

Le Codex Leicester a reçu son nom de la famille anglaise qui en a fait l'acquisition en 1717. Il est maintenant la propriété de Bill Gates, cofondateur de Microsoft, l'homme le plus riche du monde. On peut généralement le voir exposé au Seattle Art Museum.

Voir aussi : Léonard de Vinci.

Concile de Nicée

Cet événement tient une place importante dans le *Da Vinci Code.* Teabing prétend que c'est le concile de Nicée qui a choisi les Évangiles destinés à être inclus dans le Nouveau Testament et ceux qui ne devaient pas y figurer. Nous ignorons si cette affirmation est historiquement exacte, mais il est certain que le concile a statué sur une question qui se situe au cœur du mystère qu'explorent les personnages du roman, à savoir si Jésus était ou non mortel (et donc capable de se marier et d'avoir des enfants). Le concile de Nicée décréta la divinité du Christ, lui interdisant par là même le mariage.

L'empereur Constantin organisa le premier concile œcuménique de l'Église en 325, avant tout pour mettre fin à la division et au désordre qui agitaient l'Église autour de l'arianisme, hérésie qui professait la qualité de mortel du Christ. L'autre but était de s'accorder sur la date de Pâques. Au cours des discussions destinées à régler le cas de l'arianisme, le concile de Nicée formula l'un des dogmes essentiels de la foi chrétienne, l'existence de la Sainte Trinité, Dieu le Père, Dieu le Fils et Dieu le Saint-Esprit.

Constantin prit tous les arrangements nécessaires pour que l'ensemble des évêques assiste au concile, ce qui démontre l'importance des problèmes qui allaient y être débattus. Pour s'assurer leur présence, il mit librement à leur disposition le système de transports impérial, ce qui leur permettait de ne rien avoir à dépenser pour leur voyage et de se déplacer sous la protection de l'armée romaine. Le concile devait d'abord se réunir à Ancyra (Ankara), mais Constantin le déplaça à Nicée (aujourd'hui Iznik, en Turquie), dont la situation géographique plus occidentale facilitait la venue des évêques d'Europe et d'Italie. De cette manière, il pouvait aussi surveiller les débats, voire y intervenir.

Le concile se rassembla le 19 juin 325 et dura deux mois. D'après des sources diverses, entre deux cent cinquante et trois cent vingt évêques étaient présents. L'empereur Constantin arriva au début du mois de juillet et prononça devant le concile un discours où il insista sur l'importance de l'harmonie. Trois documents en rapport avec ce concile sont arrivés jusqu'à nous : le Credo de Nicée, les canons et une lettre à l'Église d'Égypte.

Les thèses de l'arianisme s'étaient répandues à travers l'Empire romain et se diffusaient à tous les niveaux de la chrétienté. Or Constantin voulait une Église unie, harmonieuse, pour promouvoir la paix et la prospérité. Ces dissensions causées par l'arianisme représentaient donc une menace pour la stabilité. L'arianisme s'était développé à partir des opinions hétérodoxes d'Arius, un chrétien d'Alexandrie. Il soutenait que le Christ n'était pas une divinité, mais « la première et la plus grande des créatures de Dieu ». Le caractère non divin du Christ signifiait qu'Il était sujet au péché et à la corruption. Arius affirmait que Jésus n'était pas comme Dieu « sans commencement » et qu'« avant sa conception, il n'était pas ».

Il est dit que Constantin lui-même était influencé par les thèses de l'arianisme, et attentif aux propos de ses évêques. Cet élément, s'il était vérifié, ne ferait que souligner son ardent désir de tuer dans l'œuf ce début de schisme, puisqu'il n'hésita pas à appuyer la décision de condamner l'arianisme et à confirmer la doctrine que venait d'établir l'Église. Les évêques rédigèrent un credo pour établir la divinité du Christ et sa relation entre Dieu, le Christ et le Saint-Esprit. Le Symbole de Nicée précise :

Nous croyons en un seul Dieu, le Père tout-puissant, créateur de toutes choses, visibles et invisibles, en un seul Seigneur, Jésus-Christ, le Fils unique, c'est-à-dire le Fils de Dieu, né du Père comme Fils unique, c'est-à-dire né de la substance du Père, Dieu né de Dieu, lumière née de la lumière, vrai Dieu né du vrai Dieu, engendré, non pas créé, consubstantiel au Père, par qui tout a été fait, ce qui est au ciel et ce qui est sur la terre, qui, pour nous les hommes et pour notre salut, est descendu et a pris chair, s'est fait homme, a souffert et est ressuscité le troisième jour, est remonté aux cieux, d'où il viendra juger les vivants et les morts. Et dans le Saint-Esprit.

Dans ce texte, les évêques confirment que le Christ n'a pas été créé par Dieu le Père, mais était de la même substance que Lui (« né de la substance du Père ») ; que Dieu le Père et le Christ sont tous les deux Dieu (« Dieu né de Dieu, lumière née de la lumière, vrai Dieu né du vrai Dieu ») ; et que le Christ est divin et ne fait qu'un avec le Père (« consubstantiel au Père »). Le terme « consubstantiel » (*homoousios* en grec) fut le sujet de nombreux débats à travers les années et semble avoir été imposé par Constantin en personne.

Une note a été ajoutée au credo, demandant que l'Église catholique et apostolique dénonce quiconque se rangerait du côté de l'arianisme. Le texte fut signé par tous les évêques présents, à l'exception de deux d'entre eux, Secundus de Ptolemaïs et Theonas de Marmarica, qui furent dûment bannis par Constantin, en compagnie d'Arius. Il est bon de noter que la question de la Trinité ne fut pas vraiment résolue par ce débat et que le sujet fut maintes fois discuté par la suite. Le Symbole de Nicée fut rectifié plus tard, au cours du premier concile de Constantinople, en 381, et nous le connaissons actuellement sous le nom de Credo de Nicée.

L'autre problème majeur, celui de Pâques, devait être aussi résolu par le concile. L'assemblée décida que Pâques tomberait le dimanche qui suivrait la première pleine lune de l'équinoxe de printemps (en revanche, cette date de l'équinoxe de printemps resta un point de discorde pendant de nombreuses années).

L'objectif des vingt canons était d'établir une Église universelle, dont tous les membres partagent des pratiques religieuses identiques. Dans le même temps, les aires géographiques d'autorité et de juridiction furent définies pour Rome, Alexandrie, Antioche et Jérusalem. D'autres sujets mineurs furent aussi réglés, comme le fait d'interdire à quiconque s'était volontairement castré de devenir prêtre et aux excommuniés de rejoindre une église dans un autre diocèse. Le concile décréta aussi que les membres du clergé qui prêtaient de l'argent avec intérêt seraient démis de leurs fonctions ; il fut également décidé des conditions dans lesquelles on pouvait recevoir la communion.

Voir aussi : Constantin le Grand.

Constantin le Grand

Dans le *Da Vinci Code*, Langdon et Teabing aident Sophie à comprendre les croyances et les actes de son grand-père. Ils expliquent que de nombreuses doctrines de l'Église moderne, et l'exclusion de certains Évangiles de la Bible, ont été prescrites par Constantin le Grand.

Responsable de l'unité de l'Empire romain après des années de discorde, Constantin fut le premier empereur « chrétien », même s'il continua à soutenir de nombreux idéaux païens. En 325, il organisa le premier concile de l'Église chrétienne à Nicée, qui unifia l'Église et déboucha sur la formulation du concept de la sainte Trinité, l'un des dogmes essentiels du christianisme.

Constantin naquit en 274, dans une région correspondant à l'Albanie moderne. Soldat dans l'armée romaine, il participa à l'expédition de Dioclétien en Égypte, en 296, et à la guerre contre les Perses. À cette époque, deux empereurs se partageaient l'Empire romain, l'un régnait sur l'Est, et l'autre sur l'Ouest. En 305, les empereurs Dioclétien et Maximin abdiquèrent, et furent remplacés par Galère à l'Est, et Constance Chlore, le père de Constantin, pour la partie occidentale. Mais Constance mourut après seulement un an de règne, laissant à Constantin, qu'il avait désigné comme son successeur, le soin de partager le pouvoir avec l'empereur Galère.

Les problèmes politiques et les désordres qui abondaient à cette époque provoquaient nombre d'affrontements, et vers 308, six empereurs régnaient simultanément : trois en Orient (Galère, Licinius, et Maximin), trois en Occident (Constantin, Maximien et son fils Maxence). En 309, Maxence déposa son propre père, Maximien, qui se suicida par la suite. Constantin et Maxence s'opposèrent donc pour la domination de l'ouest de l'Empire. En 312, avant une bataille où il devait affronter Maxence, près de Rome, Constantin eut la vision d'une croix enflammée dans le ciel, avec les mots « Par ce signe tu vaincras ». Il remporta la bataille et Maxence se noya. En raison de cette vision, Constantin se convertit au christianisme. Il régnait maintenant seul en Occident.

Après la mort de Galère en 311, et de Maximin en 313, Licinius se retrouva seul souverain en Orient. Malgré une entente relative entre les deux empereurs, consacrée par l'édit de Milan (313), qui accordait tolérance et droits civils aux chrétiens dans l'ensemble de l'Empire, Constantin et Licinius finirent par s'opposer sur le champ de bataille en 314. La défaite de Licinius se solda par la perte de l'Illyrie, de la Pannonie et de la Grèce. Constantin se consacra ensuite à renforcer ses frontières, et en 323-324, Licinius fut définitivement vaincu et exécuté. Constantin se retrouvait donc seul à la tête de l'Empire romain tout entier. Pour gouverner à partir d'une position plus centrale, il installa sa capitale à Byzance, qu'il rebaptisa Constantinople.

Constantin fut un souverain bienveillant qui lutta contre la corruption et permit à d'autres religions de continuer à exister sans persécutions. Cependant, en raison des différences persistantes et des tensions grandissantes au sein de l'Église chrétienne, qui menaçaient la stabilité durement acquise de l'Empire, il décida en 325 de réunir un concile à Nicée, auquel tous les évêques de la chrétienté furent invités à participer. Comme il l'indiqua dans un discours devant le concile, sa principale préoccupation était d'instaurer une harmonie qui permettrait d'assurer la paix et la prospérité de l'Empire. Deux questions qui divisaient l'Église méritaient une attention particulière : tout d'abord le problème que posait l'arianisme, considéré comme une hérésie, et le choix d'une date commune pour la célébration de Pâques.

L'arianisme refusait la divinité de Jésus-Christ et, après de longues discussions, les évêques adoptèrent le Credo de Nicée, qui établissait la croyance chrétienne en Dieu le Père, Dieu le Fils et Dieu le Saint-Esprit, confirmant ainsi la divinité du Christ. La date de Pâques fut fixée au dimanche qui suivait la première pleine lune de l'équinoxe de printemps (la date de l'équinoxe de printemps fit à son tour l'objet d'ardents débats durant les années suivantes). Beaucoup des textes que nous connaissons sous le nom de Nouveau Testament auraient été sélectionnés au concile de Nicée.

En dépit de ses inclinations vers le christianisme, Constantin attendit 326 pour se faire baptiser. Certains estiment qu'il a choisi le christianisme comme religion officielle avec pour seul objectif de mettre la puissance du Dieu chrétien au service de l'Empire. Quelles qu'aient été ses raisons, sa protection a assuré le développement, le pouvoir et l'enrichissement de l'Église chrétienne. Et, même s'il autorisait les cultes païens à se maintenir, les richesses de leurs temples étaient redistribuées aux églises chrétiennes.

Malheureusement, le désir d'harmonie de Constantin ne s'est guère réalisé dans sa vie personnelle. En 326, son fils Crispus fut exécuté pour trahison, sa seconde femme Fausta subit le même sort en 327. Constantin mourut le 22 mai 327. Il avait réussi à prendre le contrôle d'un Empire unifié, qu'il légua à ses trois fils, Constance, Constantin et Constant, divisant une fois de plus l'Empire romain.

Voir aussi : Concile de Nicée.

La croisade des Albigeois

L'une des croisades anti-hérétiques menées par l'Église chrétienne au treizième siècle contre les cathares, connus aussi sous le nom d'Albigeois en référence à la ville d'Albi, forteresse cathare. L'histoire des cathares occupe une place centrale parmi les thèmes développés dans le *Da Vinci Code*. Le « secret » principal qui constitue le cœur du roman — la théorie selon laquelle Jésus et Marie-Madeleine étaient mariés — fait partie des croyances cathares. C'est la suppression par l'Église de ces thèses hérétiques qui forme la base de l'intrigue de Dan Brown.

La croisade des Albigeois fut menée de manière particulièrement sanglante et impitoyable. On estime que de 1209, date à laquelle elle a débuté, à son terme en 1155, plus de cent mille cathares et Languedociens furent massacrés. Les campagnes ont été relatées par le moine cistercien Pierre des Vaux de Cernay dans son ouvrage *Historia Albigensis*.

L'influence et l'autorité des cathares en Languedoc sapaient l'autorité de l'Église catholique. Le pape Innocent III était exaspéré par l'attitude de la noblesse occitane. Cette dernière n'agissait guère pour empêcher les cathares de pratiquer leur foi ou pour faire face à la menace grandissante qu'ils représentaient. En 1206, Raymond VI, comte de Toulouse, refusa de rejoindre les chevaliers réunis par l'abbé Arnaud Armaury, légat du pape, dans le but de débarrasser la région des cathares. Raymond VI objecta qu'il ne souhaitait pas combattre ses propres sujets, et, en mai 1207, il fut excommunié sur l'ordre de Pierre de Castelnau, lieutenant d'Amaury. En janvier 1208, au cours d'une visite au comte de Toulouse, Castelnau fut assassiné par l'un des chevaliers de Raymond VI. Ce défi flagrant à son autorité plongea Innocent III dans une telle fureur qu'il décréta une croisade contre le Languedoc, et les cathares en particulier. L'appel fut entendu par les barons du Nord, probablement tentés par la richesse de l'Occitanie et la perspective de s'attribuer en toute impunité les terres des hérétiques. Un de ces chevaliers était Simon de Montfort, qui joua un rôle essentiel dans la croisade des Albigeois ; son nom sema longtemps la terreur et la haine parmi les habitants de la région.

Les premières victimes en nombre de la croisade furent les habitants de Béziers, que les armées de Montfort atteignirent le 21 juillet 1209. Les croisés ordonnèrent aux catholiques de la ville de leur livrer les cathares qui vivaient parmi eux, mais ils se heurtèrent à un refus. Ils leur proposèrent alors de quitter la ville sains et saufs, en abandonnant les cathares aux croisés. Si les habitants de Béziers refusaient, ils s'exposaient à l'excommunication — argument extrêmement dissuasif à l'époque. En dépit de la menace, les gens de la ville répondirent par un nouveau refus, jurant au contraire de protéger leurs concitoyens cathares. Les forces de Montfort mirent le siège devant les remparts. C'est à cette occasion qu'Amaury, le légat du pape, adressa aux combattants la célèbre phrase : « Ne montrez aucune pitié, peu importent le rang, l'âge et le sexe. Catholiques ou cathares, tuez-les tous. Et Dieu reconnaîtra les siens. » Le massacre qui suivit fit environ quinze mille victimes, hommes, femmes et enfants, dont seulement deux cent vingt-deux étaient des cathares.

La ville suivante, Narbonne, tomba devant les armées de Montfort. En août 1209, ce fut au tour de Carcassonne de se rendre après un siège bref mais cruel. Les habitants de la ville furent autorisés à partir en n'emportant « que leurs péchés avec eux ». Les terres conquises furent données à Montfort, qui libéra la majeure partie de son armée.

En son absence, les villes et les châteaux récemment vaincus se rassemblèrent autour de Raymond VI de Toulouse, mais se virent reconquis plus tard par Montfort et ses alliés. La croisade fut relancée, encore plus de châteaux et de villes succombèrent devant les armées des croisés, et vers 1213 toutes les terres des environs avaient été conquises, ainsi que Toulouse.

Le seul pouvoir capable de vaincre les croisés appartenait à Pierre, roi d'Aragon, qui possédait la suzeraineté sur plusieurs terres en France et souhaitait augmenter son influence de l'autre côté des Pyrénées. En septembre 1213, il attaqua Muret, près de Toulouse, mais fut défait par l'armée de Montfort et tué au cours de la bataille. En 1215, Montfort mena une campagne qui le conduisit à saisir de nombreux châteaux cathares abandonnés, y compris Domme et Castelnaudary. À ce moment, le prince Louis d'Espagne et ses forces se joignirent à celles des croisés au siège de Toulouse.

De 1215 à 1225, de nombreuses villes se rallièrent pour combattre les croisés, y compris Avignon, qui appartenait au comté de Provence. En 1216, les troupes de la garnison de Beaucaire infligèrent à Montfort son premier revers sérieux, mais ses forces se regroupèrent et purent reconquérir Toulouse et Bagnères-de-Bigorre, avant d'être vaincues à Lourdes, limite occidentale de la croisade des Albigeois.

En septembre 1217, Raymond VI, avec l'aide du roi d'Aragon, reprit Toulouse. Au printemps de l'année suivante, Montfort, qui assiégeait de nouveau la ville, fut tué, le 25 juin 1218, par un projectile en pierre parti d'une pièce d'artillerie manipulée par des femmes. Avec sa disparition, la croisade prit un tour différent ; personne ne possédait l'habileté et l'énergie suffisantes pour se placer à la tête des croisés. L'absence de direction cohérente permit à Raymond VII et au comte de Foix de vaincre les Français à Baziège. La plus grande partie du Midi était revenue aux mains de Raymond VII et de ses alliés. Ces victoires militaires permirent une résurgence du catharisme et, en 1224, la situation était à peu de chose près similaire à celle de 1209, tant les croisés avaient conservé peu de leurs conquêtes.

En 1226, Louis VIII de France prit la tête d'une nouvelle croisade dans le Languedoc et la majorité des villes se rendit sans opposer de forte résistance, signe de la lassitude de la population. Cependant, Avignon supporta trois mois de siège avant de céder, le 12 septembre 1226. À la mort du roi Louis VIII en Auvergne, le 18 novembre 1226, son sénéchal, Humbert de Beaujeu, conduisit les croisés au siège de Labécède, où toute la population fut massacrée. Toulouse, le dernier bastion, endura un nouveau siège très pénible. Les combats cessèrent lorsqu'un accord fut conclu : la fille de Raymond VII devait épouser le fils de Blanche de Castille. Le 12 avril 1229, Raymond VII accepta les termes du traité de Paris, qui lui ordonnait aussi de combattre l'hérésie cathare, de démolir les remparts de Toulouse, d'obéir à l'Église et de payer une somme considérable. Peu de temps après, l'Inquisition s'installa à Toulouse et, à partir de 1233, occupa l'ensemble du Languedoc. Tous les cathares furent poursuivis, capturés, torturés et brûlés. Les affreuses activités de l'Inquisition plongèrent la région dans un grand émoi, provoquant des révoltes à Toulouse, Cordes, Albi et Narbonne. En 1240, Raymond-Roger VI de Trencavel mena une ultime révolte à Carcassonne, mais fut vaincu et dut quitter la France avec son armée.

La persécution des cathares conduisit la plupart d'entre eux à se réfugier dans les rares bastions qu'il leur restait, le plus connu étant le fameux Montségur, dans les Pyrénées, une forteresse perchée au sommet d'une montagne abrupte. Le siège commença en novembre 1243, et en février 1244 ceux qui se trouvaient à l'intérieur se rendirent enfin. Le 16 mars, les deux cent dix cathares de Montségur descendirent la montagne et furent brûlés comme hérétiques dans un champ en contrebas. En août 1255, le siège de Quéribus, une petite forteresse cathare, marqua la fin de la croisade des Albigeois.

Voir aussi : Cathares.

Culte de la déesse

Dans le *Da Vinci Code*, l'accent est mis sur la compétence particulière des personnages de Jacques Saunière et Robert Langdon dans le domaine du culte de la déesse et du symbolisme qui s'y rattache. Il est indiqué que Saunière a augmenté la collection de représentations de la déesse qui figurent au Louvre et que Robert Langdon prépare un nouveau livre intitulé *Symboles disparus du Féminin sacré*.

Le récit souligne aussi que la figure de Marie-Madeleine symbolise la déesse originelle et la continuation de son culte.

Les premières traces du culte de la déesse apparaissent vers 35 000 avant J.-C. Il s'agirait de la plus ancienne religion du monde, avec une histoire et un héritage qui remontent à la nuit des temps. Avec l'émergence du premier des humains, l'homme de Cro-Magnon, voilà trente-cinq mille ans, nous commençons à rencontrer une imagerie et des œuvres qui semblent représenter la figure de la déesse. *The Language of The Goddess* (« Le Langage de la Déesse »), un ouvrage de Marija Gimbutas, donne un bon aperçu de ces figures.

On peut retracer l'évolution de la figure de la déesse à l'origine de toute chose, du Moyen-Orient et de l'Europe à l'Inde, où la religion hindoue a porté son culte à un plus haut niveau spirituel. Pendant la période biblique, la déesse Asherah était vénérée, et dans quelques traditions, considérée comme l'épouse de Yavhé, ou Dieu Lui-même. Dans de nombreux sites, la divinité était symbolisée par des pierres levées connues sous le nom de Pierres d'Asherah. Ces rochers représentaient non seulement la déesse mais semblaient aussi, dans un symbolisme duel, signifier la figure du phallus. À cette époque, avec l'établissement d'une société plus patriarcale, on assiste à un effort concerté pour supprimer le culte de la déesse. Le dieu, le roi, le prêtre et le père remplacent la déesse, la reine, la prêtresse et la mère. De fait, il faut attendre les plus récentes années de notre ère pour voir des femmes accéder à la prêtrise au sein de l'Église chrétienne (excepté chez les catholiques), démontrant ainsi l'étendue de l'asservissement de la femme par la doctrine judéo-chrétienne. L'islam aussi a, semble-t-il, procédé à cette suppression de l'entité féminine ; quelques chercheurs placent l'origine du Dieu suprême Allah dans la figure de la déesse Al-lat, associée avec la Kaaba de La Mecque, sanctuaire pré-islamique qui aurait été usurpé par Mahomet au profit de la foi musulmane.

En Égypte, Isis est considérée comme l'incarnation ultime du principe féminin, avec d'autres déesses qui participent aussi à la théorie des divinités les plus hauts placées ; la déesse était aussi vue comme la matrice qui a permis la naissance du dieu, Horus le Jeune, qu'on retrouve dans le nom de la déesse Hathor, qui signifie « maison d'Horus ».

Au concile d'Éphèse, en 431, une assemblée d'évêques chrétiens établit que la Vierge Marie devait être connue sous le nom de Thotokos, « mère de Dieu », l'installant ainsi dans le rôle de la déesse tout en prenant soin de lui dénier les attributs de fertilité rattachés aux figures plus anciennes. Néanmoins, le culte plus tardif des Vierges noires à travers l'Europe semble constituer une reconnaissance de la figure de la Vierge Marie comme une déesse en elle-même, bien que l'Église catholique romaine la cantonne dans son rôle de mère docile et de personnage conciliant, afin de nier les caractéristiques de puissance traditionnellement associées à l'image de la déesse.

Au Moyen Âge, des milliers de femmes furent conduites au bûcher pour sorcellerie. Cette croisade contre le féminin avait pour but de réprimer une fois de plus l'indépendance et le pouvoir des femmes, en vue de faire disparaître le culte de la déesse, qui gagnait en puissance.

Au dix-neuvième siècle, on assiste à une résurgence des cultes de la déesse avec la restauration de la

Wicca, une religion essentiellement implantée dans le nord de l'Europe. Connue aussi sous le nom de « sorcellerie blanche », la Wicca tient la déesse en haute estime et croit en une sorte de dualité, en l'existence d'un équilibre entre le dieu et la déesse. D'autre part, de nombreux mouvements féministes ont mené la déesse vers de nouvelles hauteurs, et aujourd'hui sa vénération connaît une renaissance.

C'est une figure associée à la Lune depuis les temps anciens — rapprochement lié à la correspondance entre le cycle lunaire et le cycle physiologique de la femme, mais aussi avec le fait que la Lune connaît trois phases — ascendante, pleine, et descendante — correspondant aux trois représentations de la déesse : jeune fille, mère, et vieille femme. Une valeur et un objectif différents sont attribués à chacune de ces figures. La jeune fille symbolise la jeunesse, la sexualité, la vigueur ; la mère incarne la puissance féminine, la fertilité, l'impulsion nourricière ; la vieille femme représente l'expérience, la compassion et, par-dessus tout, la sagesse.

Aujourd'hui, la vénération de la déesse, la compréhension de son énergie et de sa spiritualité sont une fois de plus au premier plan. À travers les millénaires d'existence de l'être humain, la figure de la déesse a été omniprésente. La déesse peut revendiquer sa position de première et plus vieille divinité.

Voir aussi : Vierges noires ; Isis ; Marie-Madeleine.

Dossiers secrets

Dans le *Da Vinci Code*, les personnages de Robert Langdon et de Leigh Teabing témoignent d'une grande connaissance des *Dossiers secrets*. Lorsque la police fouille la maison de Teabing et découvre des copies de documents et de photographies qu'elle réunit comme preuves, personne n'a la moindre idée de l'importance de cette découverte.

Les *Dossiers secrets* sont généralement considérés comme les archives du Prieuré de Sion. Plus précisément, ces *Dossiers secrets*, qui datent de 1967, sont constitués d'une série de textes prétendument rédigés par un homme du nom d'Henri Lobineau et rassemblés par Philippe Toscan du Plantier. Ils comportent aussi des coupures de journaux, diverses lettres, des arbres généalogiques, et un tableau datant de 1956 qui relate les débuts de l'histoire du Prieuré de Sion accompagné de la liste des grands maîtres.

La collection a été déposée à la Bibliothèque nationale de France. Les *Dossiers secrets* sont arrivés au grand jour par l'intermédiaire d'un don volontaire et anonyme, effectué par quelqu'un qui appartenait à l'organisation depuis 1956. D'abord, les *Dossiers* désignaient Henri Lobineau comme le pseudonyme d'un certain Leo Schidlof, qui se serait inspiré du nom d'une rue située à proximité de l'église Saint-Sulpice pour se forger une identité. Après une rencontre entre les auteurs de *L'Énigme sacrée* et la dernière fille de Schidlof, qui a formellement nié le fait que son père ait appartenu à une société secrète, un autre communiqué fut rendu public, affirmant que Henri Lobineau était le pseudonyme d'un aristocrate nommé Henri de Lénoncourt.

Les *Dossiers secrets* sont truffés d'indices prometteurs à propos du Prieuré de Sion. L'élément le plus singulier est sans doute la page intitulée Planche Numéro 4, qui récapitule l'histoire et la structure de l'ordre. En plus de la liste des grands maîtres, ce document révèle l'existence de vingt-sept commanderies et d'une « arche », appelée « Beth-Ania », qui dirigeait probablement les commanderies. Cette arche était localisée à Rennes-le-Château, et les plus importantes commanderies se trouvaient à Bourges, Gisors, Jarnac, au mont Saint-Michel, à Montrevel et à Paris.

Selon les *Dossiers secrets*, le Prieuré de Sion comprenait 1 093 membres, structurés en sept niveaux. À mesure que l'on s'élève dans la hiérarchie, le nombre des membres se divise par trois, jusqu'à la charge de nautonier, exercée par une personne seule.

1. Preux (729 membres)
2. Écuyers (243 membres)
3. Chevaliers (81 membres)
4. Commandeurs (27 membres)
5. Croisés de Saint-Jean (9 membres)
6. Princes noachites de Notre-Dame (3 membres)
7. Nautonier (1 membre)

Dans le *Da Vinci Code*, les quatre premiers de la hiérarchie, les trois princes et le nautonier, aux sixième et septième niveaux, ont été assassinés.

Les généalogies qui figurent dans les *Dossiers secrets* détaillent les lignages des familles censées appartenir à la « sainte lignée ». En d'autres termes, les familles présentées comme les descendantes de l'union supposée entre Jésus et Marie-Madeleine, les Saint-Clair, les Blanchefort, les rois mérovingiens et la maison Plantard. On trouve aussi dans cet ensemble de documents les généalogies des rois de Jérusalem et de Godefroy de Bouillon, qui, en 1090, fonda l'ordre de Sion original en Terre sainte.

Voir aussi : Grands maîtres du Prieuré de Sion ; Mérovingiens ; Pierre Plantard ; Prieuré de Sion.

Énigme sacrée

Le best-seller international qui a fourni les informations pour une grande partie de l'intrigue du *Da Vinci Code* a été publié en 1982, sous la plume de Michael Baigent, Richard Leigh, et Henry Lincoln. *L'Énigme sacrée* est généralement considéré comme la « bible » du Prieuré de Sion. À noter que les Anglo-Saxons ont affectueusement surnommé l'ouvrage HBHG, d'après les initiales de son titre anglais, *Holy Blood, Holy Graal*.

Même si, encore aujourd'hui, des experts de l'histoire du Prieuré de Sion continuent à contester la véracité de l'information historique contenue dans l'ouvrage, l'accord est général quand il s'agit de reconnaître que, pour le meilleur ou le pire, *L'Énigme sacrée* a révélé au grand jour des idées historiques et révolutionnaires qui jusque-là n'avaient jamais fait l'objet d'un débat public. Plus encore, il s'agit du seul ouvrage sur la question publié en langue anglaise, au milieu d'une production industrielle sur le Prieuré de Sion, rédigée par des auteurs affirmant avoir eu un accès direct à un prétendu grand maître de la société secrète.

En dépit de la controverse, HBHG nous propose l'inappréciable vision d'un œil profane sur les développements de ces circonvolutions historiques, après les points de vue d'ordres chevaliers, gnostiques ou ésotériques. Les auteurs commencent par piquer l'intérêt du lecteur avec l'histoire d'un mystérieux trésor à Rennes-le-Château, dans le sud de la France, puis ils élargissent le champ de leur enquête pour y inclure une analyse romancée du catharisme, version primitive et hérétique du christianisme, avant d'embrayer sur une histoire des chevaliers du Temple. Les *Dossiers secrets* prétendent que le Prieuré de Sion était la force cachée qui se trouvait derrière la formation des Templiers. Une grande partie de *L'Énigme sacrée* s'appuie sur la version du grand maître Pierre Plantard, notamment en ce qui concerne l'évolution de l'ordre après sa rupture avec le Temple. Ce qui donne un compte-rendu hautement coloré de la manière dont des rois et des scientifiques, des intellectuels ou artistes de renommée mondiale, y compris Léonard de Vinci, sir Isaac Newton, Victor Hugo, Claude Debussy et Jean Cocteau, ont guidé la course de l'humanité durant les mille dernières années.

Cependant, l'aspect le plus curieux de cette recherche sur l'histoire du Prieuré de Sion est sans conteste la nature des relations entre les auteurs et l'énigmatique grand maître Pierre Plantard. Il envoie les trois hommes à la chasse au dahu, en les orientant vers la consultation d'obscurs documents ou la visite de sites éparpillés à travers toute la France, afin de vérifier des détails infimes ou des informations insignifiantes. L'enjeu est de confirmer l'authenticité du Prieuré de Sion ou de découvrir s'il est le produit d'un canular très élaboré. À mesure que Baigent, Leigh et Lincoln bataillent avec une armée de codes ésotériques et de documents historiques, l'enquête se transforme en une partie d'échecs psychologiques multidimensionnelle. Et c'est précisément cet aspect de la recherche qui continue encore maintenant à accrocher tous ceux qui entament des études sur le Prieuré de Sion.

Finalement, dans une tentative pour synthétiser cette accumulation de données, Baigent, Leigh et Lincoln ont effectué le saut quantique époustouflant qui a valu à *L'Énigme sacrée* sa réputation de « controverse explosive » et sa qualité de best-seller : la descendance de Jésus et de Marie-Madeleine.

La graine a été semée lors de la première entrevue avec Pierre Plantard. Pendant cet entretien, Plantard affirma que le Prieuré de Sion détenait le trésor perdu du Temple de Jérusalem, trésor qui serait restitué à Israël le moment venu. Mais il souligna le fait que la valeur essentielle de ce trésor n'était pas historique, financière ou même politique, en insistant particulièrement sur sa dimension « spirituelle ». Cette part spirituelle consistait en un secret dont la révélation apporterait de grands changements sociaux en Occident.

En s'accrochant à cet indice ténu mais prometteur, associé à l'obsession de Plantard pour les généalogies complexes et sa prétendue appartenance à la descendance des Mérovingiens, les trois auteurs ont consacré le dernier tiers de *L'Énigme sacrée* à exposer leur théorie : la véritable mission du Prieuré de Sion était de défendre la lignée sacrée descendant de l'union de Jésus et de Marie-Madeleine. Leur démonstration est si logique et si convaincante que la plupart des lecteurs y adhèrent. Mais en réalité, Pierre Plantard n'a jamais confirmé cette hypothèse, présentée comme le résultat d'un intense travail de recherche.

L'ironie de l'énigme se révèle encore mieux dans la publication suivante de Baigent, *The Messianic Legacy*, traduit sous le titre français de *L'Énigme sacrée : le Message*, où le trio relate la suite de la saga de leurs expériences personnelles avec le Prieuré de Sion. Par courtoisie, ils soumettent à Plantard le manuscrit français de *L'Énigme sacrée* et attendent sa réaction le cœur battant. La réponse du grand maître se révèle décevante par son ambivalence et les plonge dans l'embarras. D'une part, Plantard fait observer sans s'engager qu'il n'existe pas de preuve fiable que les Mérovingiens descendent effectivement de Jésus, mais il affirme aussi que ces mêmes Mérovingiens dérivent de la lignée royale de David. Fait encore plus remarquable, les commentaires de Plantard sur le rôle de Marie-Madeleine dans la dynastie se signalent par une absence criante.

Peu importe : malgré la réticence de Plantard à approuver ouvertement le rôle du Prieuré de Sion dans la théorie d'une descendance de Jésus et Marie-Madeleine, les recherches des trois auteurs se révèlent si séduisantes que, durant ces vingt dernières années, *L'Énigme sacrée* a inspiré un catalogue entier d'ouvrages, y compris le *Da Vinci Code*, consacrés à l'examen des histoires alternatives d'un chapelet ininterrompu de mystères ésotériques, sociétés secrètes, ordres chevaliers qui clamaient leur appartenance à la lignée de Jésus et Marie-Madeleine.

Dan Brown lui-même rend un hommage spécifique à *L'Énigme sacrée* par la bouche de son personnage Leigh Teabing, au nom composé d'un amalgame de ceux de Richard Leigh et Michael Baigent. En effet, Teabing cite l'ouvrage pendant qu'il donne à Sophie des informations sur le Prieuré de Sion au château de Villette : « Cet ouvrage a fait de sérieux remous dans les années quatre-vingts. Je trouve personnellement que ses auteurs ont mêlé quelques éléments douteux à leurs analyses, mais le fond est parfaitement sérieux. Et ils sont les premiers à avoir exposé la vraie nature du Graal au grand public. »

Néanmoins, des chercheurs expérimentés enquêtant sur le Prieuré de Sion se sont rendu compte que *L'Énigme sacrée* n'est pas le premier ouvrage à faire fusionner l'histoire du Prieuré de Sion selon Plantard avec le Féminin sacré et la descendance de Jésus et Marie-Madeleine. Plus de deux ans avant la sortie de HBHG, la célèbre astrologue Liz Greene a publié un roman sur Nostradamus intitulé *The Dreamer of the Vine*, qui associe les éléments maintenant familiers du Prieuré de Sion à la vie de Nostradamus. Rétrospectivement, le roman de Liz Greene apparaît comme une prémonition incroyablement exacte des éléments mêmes qui vont déclencher une telle controverse au moment où *L'Énigme sacrée* est entré en scène en 1982. Mais, quand on s'intéresse de plus près à l'affaire, c'est pour s'apercevoir que Liz Greene est en réalité la sœur de Richard Leigh et était à l'époque la petite amie de Michael Baigent. L'ensemble commence à prendre la forme d'un astucieux montage...

Les auteurs de *L'Énigme sacrée* ont-ils vraiment « découvert » la lignée de Jésus et Marie-Madeleine au cours de leurs discussions avec Pierre Plantard, ou était-ce de tout temps l'objectif du livre ? Et si la seconde solution s'avère exacte, Baigent et Leigh ont-ils eu accès à quelque information, jusque-là gardée secrète, avant même que les premiers mots de *L'Énigme sacrée* soient tracés sur une feuille ? Dans ce cas, qui mène qui en bateau... ? Et y a-t-il encore quelqu'un à la barre ?

Église copte

Les textes de Nag Hammadi, découverts en Égypte en 1945, connus aussi sous le nom d'Évangiles apocryphes, sont rédigés en copte, une langue ancienne encore usitée chez les chrétiens d'Égypte. Le *Da Vinci Code* mentionne ces prétendus Évangiles apocryphes en les présentant comme des textes délibérément écartés du Nouveau Testament à cause de leur contenu gnostique. En revanche, on a la certitude que ces écrits ont été produits par l'Église copte primitive.

Alexandrie, qui n'était devancée que par Rome, a joué un rôle essentiel dans la théologie chrétienne. Cependant, en 451, après le concile de Chalcédoine, une fracture se produisit entre les coptes et le reste de la chrétienté. Les coptes suivirent leur pape, Dioscore et se déclarèrent orthodoxes. Les deux Églises tentèrent de se rassembler à plusieurs reprises, et il fallut attendre le concile de Florence, en 1443, pour que l'union soit signée, mais l'accord ne fut pas suivi d'effet. En 1582 et 1814, d'autres rapprochements furent tentés, sans plus de succès.

Le passé de l'Église copte est riche en persécutions, en particulier sous l'empereur Dioclétien. Pour conserver le souvenir de ceux qui étaient morts au nom de leur foi, le 29 août 284, l'Église copte a mis en place un Calendrier des martyrs. Sous la domination arabe, les coptes étaient libres d'observer leurs pratiques religieuses, mais pour ce faire, devaient payer une taxe spéciale, appelée *geyza*, abolie en 1855. Bien qu'on trouve des coptes partout en Égypte, ces fidèles ne forment qu'une faible proportion de la population. D'autre part, l'Église copte a essaimé en dehors des frontières du pays et comporte plusieurs branches dans le monde.

Comme l'Église catholique, l'Église copte reconnaît sept sacrements (baptême, communion, confirmation, pénitence, ordination, mariage et extrême-onction). Si le culte des saints est interdit, rien n'empêche de les appeler à l'aide par la prière. La plus révérée parmi les saints est la Vierge Marie.

Les coptes célèbrent sept fêtes majeures (l'Annonciation, Noël, le Baptême du Christ, le dimanche des Rameaux, Pâques, l'Ascension et la Pentecôte), et sept fêtes mineures (la circoncision du Christ, l'entrée du

Christ dans le Temple, la fuite de la Sainte Famille en Égypte, le miracle des noces de Cana, la Transfiguration du Christ, le jeudi saint et le dimanche de la Pentecôte). D'autre part, il existe aussi des fêtes mensuelles, hebdomadaires, et les fêtes des saints, qui commémorent généralement des martyrs. Tout comme les jours de fête, le jeûne fait partie intégrante des pratiques des coptes, avec deux cent dix jours de l'année réservés à cette pratique. À ces occasions, il est interdit de manger des produits animaux, et on ne peut rien absorber entre le lever et le coucher du soleil.

L'Église copte est dirigée par un pape, secondé par soixante évêques. Le pape et les évêques sont impérativement des moines. L'Église n'a pas de caractère d'infaillibilité, et les questions concernant la foi sont débattues par le pape et ses évêques au cours du synode de la Sainte Église copte orthodoxe. Les prêtres coptes sont responsables des problèmes de leur congrégation, et, à la différence de l'Église catholique, ils sont encouragés à se marier.

Les monastères coptes de Saint-Antoine, Sainte-Catherine et Saint-Samuel sont les plus anciens établissements religieux de la chrétienté.

Voir aussi : Constantin le Grand ; Concile de Nicée.

Géométrie sacrée

La géométrie sacrée désigne l'art de communiquer la sagesse divine par l'intermédiaire de figures géométriques ayant valeur de symboles. Il s'agit d'un art souvent pratiqué à travers les siècles, presque comme un langage réservé aux initiés. On considère que cette forme d'expression se place au-delà de la compréhension des mortels, comme une approximation du sacré et du profane.

Cet ancien langage secret a été utilisé en particulier par les philosophes grecs et les mathématiciens, Platon ou Pythagore, par exemple. Un des dialogues de Platon, le *Timée*, est consacré en grande partie à un traité sur la géométrie sacrée ; sa description de l'île mythique d'Atlantis semble indiquer un usage de ce code secret et du symbolisme inhérent à l'histoire. Les Grecs avaient assigné des valeurs et des attributs à la matière, l'avaient investie d'une signification et avaient défini à l'intérieur de ce sens une relation au divin et au monde.

Un des exemples les plus classiques de la géométrie sacrée est la Kabbale, système religieux et philosophique cherchant à avoir un aperçu du divin. Kabbale est un mot hébreu qui signifie « recevant » et qui aurait été originellement « reçu » par une élite : une espèce de langage caché ou secret, seulement connu des initiés.

Le concept de géométrie sacré se retrouve à plusieurs reprises dans le *Da Vinci Code*, soit dans la partie où Langdon donne à Sophie Neveu des informations sur le Temple de Salomon, conçu en s'appuyant sur le savoir de la géométrie sacrée, ou quand Jacques Saunière dispose son corps agonisant en forme de pentagramme, un antique symbole sacré. En sa qualité de « symbologue », Langdon est expert sur le sujet.

Voir aussi : Suite de Fibonacci ; Nombre d'Or ; Rectangle d'Or ; Pentagramme.

Gnomon de Saint-Sulpice

Sis dans l'église Saint-Sulpice à Paris, le gnomon ou cadran solaire (plus précisément la base de son obélisque) est l'endroit où, dans le roman, Silas va rechercher la clé de voûte. Il brise une dalle renfermant une cache secrète pour découvrir non pas la carte à laquelle il s'attend, mais une citation biblique tirée du Livre de Job.

C'est un des curés de Saint-Sulpice, Jean-Baptiste Languet de Gergy (1675-1750), qui initia la levée des fonds destinés à la construction du gnomon en 1737. Le curé voulait établir l'horaire exact des équinoxes pour pouvoir calculer la date à laquelle tomberait Pâques chaque année. En effet, cette fête, mobile sur le calendrier, doit être célébrée le dimanche suivant la première pleine lune après l'équinoxe de printemps. On peut donc estimer que la construction de cet appareil astronomique dans l'église est due à des raisons théologiques.

Depuis des millénaires, les cadrans solaires ont été utilisés pour calculer le temps : les anciens Égyptiens savaient que l'ombre portée d'un bâton planté verticalement dans le sol varie en longueur à midi selon l'époque de l'année.

Dans le cas qui nous occupe, le gnomon se compose d'une ligne de cuivre orientée nord-sud, sertie dans le sol du transept de l'église. Un obélisque de marbre

blanc, coupé en son milieu par la ligne de cuivre, porte une marque (le signe du Capricorne) à l'endroit où le Soleil frappe le 21 décembre, au solstice d'hiver. Avec le passage des saisons, le soleil qui pénètre dans l'église par une ouverture pratiquée dans une fenêtre du transept sud se déplace le long de la ligne. Cette ouverture, garnie autrefois d'une lentille, est à vingt-cinq mètres au-dessus du niveau du sol. Une plaque de marbre gravé, insérée dans la dalle du transept sud, indique la position du soleil le 21 juin, au solstice d'été. Une plaque de cuivre ovale nichée derrière la rambarde de l'autel signale l'emplacement du Soleil lors des équinoxes du 21 mars et du 21 septembre.

L'obélisque est gravé à sa base pour commémorer la construction du cadran solaire. Victime de la Révolution, l'inscription originale, qui portait le nom du roi et de ses ministres de l'époque, fut effacée. Les signes du Verseau et du Sagittaire figurent également sur le monument, marquant respectivement le passage du Soleil le 21 janvier et le 21 novembre.

On peut faire une autre observation à propos des repères du gnomon de Saint-Sulpice. Des astronomes de l'Observatoire de Paris, notamment Giovanni Cassini, les ont utilisés pour effectuer des mesures destinées à étudier la rotation de la Terre. Pendant que la planète parcourt son orbite autour du Soleil, l'axe sur lequel elle tourne pivote lentement avec le temps. D'après les résultats de Cassini, les astronomes avaient calculé que l'axe de la Terre décroissait de 45 secondes de degré tous les cent ans. Ce n'est pas très loin de la valeur de 46,85 secondes calculée de nos jours avec des instruments de précision modernes.

Voir aussi : Sœur Sandrine Bieil ; Saint-Sulpice.

Gnostique

Le gnosticisme désigne un système de croyances hérétiques florissant pendant le deuxième siècle, et vivement attaqué par l'Église chrétienne primitive. Le mot dérive du grec *gnosis*, qui signifie « connaissance », et plusieurs sectes gnostiques grecques développent le concept d'un savoir secret qu'elles détiendraient.

Jusqu'au vingtième siècle, la plupart des informations concernant les sectes gnostiques ou leurs chefs venaient de penseurs chrétiens qui dénonçaient leur doctrine, ce qui suffit à mettre en cause la validité de ces sources. On put étudier pour la première fois des témoignages directs de ces anciennes croyances en 1945, après la découverte en Égypte d'anciens textes gnostiques. On les appela les textes de Nag Hammadi, d'après le nom du village situé près du lieu de la trouvaille. Le plus célèbre d'entre eux est l'Évangile selon saint Thomas. Les textes de Nag Hammadi ont été rédigés en grec au premier ou au deuxième siècle, et traduits ensuite en copte vers le troisième ou quatrième siècle.

Dans le *Da Vinci Code*, les Évangiles gnostiques sont mentionnés en rapport avec l'empereur romain Constantin, censé avoir choisi les textes de la version « autorisée » des Évangiles, qui est devenue le Nouveau Testament tel que nous le connaissons. Ce processus résultait du concile de Nicée, réuni en 325, où les doctrines de l'Église catholique furent déterminées. Une fois les dogmes principaux fixés, tous ceux qui professaient d'autres croyances furent condamnés comme hérétiques.

Les origines du gnosticisme font encore l'objet d'un débat entre spécialistes, dont les opinions varient pour savoir s'il est issu du paganisme, avec des éléments de platonisme, ou dérivé du judaïsme. La croyance essentielle des gnostiques était qu'il existait un véritable Dieu du Bien, et que ce monde et la matière dont il est constitué ont été créés par un Dieu du Mal, moins puissant, appelé le Démiurge. Ils font référence au vrai Dieu en l'appelant le premier Éon. De lui dérivent trente paires d'autres éons en une séquence de moindre signification. La combinaison des éons produit le concept d'un Dieu complet, le Plérôme. Il est intéressant de noter que la dernière paire d'éons est constituée par le Christ et Sophia.

Sophie Neveu est le nom du personnage, dans le *Da Vinci Code*, qui découvre des informations à mesure qu'elle enquête sur le meurtre de son grand-père ; en d'autres termes, elle atteint la *gnosis*.

Quand le Christ est envoyé sur terre comme Jésus, l'humain, son objectif est de donner la gnose à l'humanité pour lui permettre d'échapper à l'imperfection du monde physique et de retourner au Plérôme. Dès lors, on rencontre trois types d'êtres humains : les hyliques, qui sont attachés à la matière issue du Mal et ne peuvent espérer le salut ; les psychiques, qui peuvent être en partie sauvés parce qu'ils ont une âme ; et les pneumatiques, qui peuvent retourner au Plérôme s'ils atteignent la *gnosis*.

Deux des auteurs gnostiques les plus connus sont Basilidès et Valentin, qui ont attiré tous deux de nombreux fidèles au deuxième siècle. Basilidès d'Alexandrie, actif de 120 à 145, a rédigé l'*Exegitica* et a prétendu être en possession d'une tradition secrète qui lui aurait été transmise par saint Pierre et saint Matthieu. Valentin a commencé ses études à Alexandrie, puis les a poursuivies à Rome à partir de 135 ; il est l'auteur supposé de l'Évangile de Vérité gnostique, l'un des textes de Nag Hammadi.

En dehors des fidèles de Basilidès et Valentin, il a existé de nombreuses autres sectes gnostiques. Dans la tradition persane, on trouve le manichéisme, qui survit encore dans certaines régions reculées de l'Iran et de l'Irak. En Europe, les Bogomiles étaient disséminés dans la région de l'actuelle Bulgarie, du dixième au treizième siècles, mais la plus célèbre des sectes gnostiques était celle des cathares.

Voir aussi : *Croisade des Albigeois ; Cathares ;*
Constantin le Grand ; Concile de Nicée.

Grands maîtres du Prieuré de Sion

Jacques Saunière, le conservateur du Louvre assassiné au début du *Da Vinci Code*, parvient à laisser une
suite d'indices destinés à sa petite-fille, Sophie Neveu.
À mesure qu'elle explore les circonstances de sa mort,
aidée par Robert Langdon, la vérité émerge peu à peu.
Jacques Saunière aurait été le grand maître du Prieuré
de Sion.

Les documents du Prieuré, connus sous le nom de
Dossiers secrets, donnent la liste des personnes suivan-
tes, désignées comme les grands maîtres successifs du
Prieuré de Sion :

Jean de Gisors	(1188-1220)
Marie de Saint-Clair	(1220-1266)
Guillaume de Gisors	(1266-1307)
Édouard de Bar	(1307-1336)
Jeanne de Bar	(1336-1351)
Blanche d'Évreux	(1366-1398)
Nicolas Flamel	(1398-1418)

René d'Anjou	(1418-1480)
Yolande de Bar	(1480-1483)
Sandro Filipepi	(1483-1510)
Léonard de Vinci	(1510-1519)
Connétable de Bourbon	(1519-1527)
Ferdinand de Gonzague	(1527-1575)
Louis de Nevers	(1575-1595)
Robert Fludd	(1595-1637)
J. Valentin Andrea	(1637-1654)
Robert Boyle	(1654-1691)
Isaac Newton	(1691-1727)
Charles Radclyffe	(1727-1746)
Charles de Lorraine	(1746-1780)
Maximilien de Lorraine	(1780-1801)
Charles Nodier	(1801-1844)
Victor Hugo	(1844-1885)
Claude Debussy	(1885-1918)
Jean Cocteau	(1918-1963)

Voir aussi : Dossiers secrets ; Robert Langdon ; Sophie Neveu ; Isaac Newton ; Prieuré de Sion ; Jacques Saunière.

Hérétiques

L'idée qu'il existe une descendance du Christ, qui se serait prolongée jusqu'aux temps modernes, sous-tend l'intrigue du *Da Vinci Code*. Cette thèse a été développée dans des ouvrages comme *L'Énigme sacrée*, ou *La Révélation des Templiers*. À la lumière des enseignements chrétiens traditionnels, cette théorie peut elle-même être considérée comme une hérésie bien actuelle.

Dans le roman, les hérétiques sont soumis à un traitement spécifique. Ils sont présentés à Sophie comme ceux qui ont choisi de suivre l'histoire originale du Christ comme mortel plutôt que de croire en la figure divine dont les contours ont été tracés au concile de Nicée.

À l'intérieur de la chrétienté, un hérétique est quelqu'un qui a développé des conceptions en contradiction avec les dogmes de l'Église. L'hérésie se distingue de l'apostasie, l'abandon complet de la foi, ou du schisme, rupture qui survient à l'intérieur de l'Église et dont la cause s'apparente plus à des conflits à propos de la hiérarchie et de la discipline qu'à de problèmes de doctrine.

Les hérétiques se considèrent comme des membres de l'Église et de vrais croyants qui suivent une doctrine controversée. L'arianisme, qui menaçait l'Église primitive, était une de ces hérésies. Arius, un prêtre d'Alexandrie du quatrième siècle, enseignait qu'avant toute chose Dieu avait créé un fils, la première créature vivante, mais qui n'était ni son égal, ni éternel comme Lui. Selon l'arianisme, Jésus était une créature surnaturelle appartenant à un état intermédiaire en l'humain et le divin.

Les problèmes posés par l'hérésie se réglaient généralement par l'excommunication, surtout dans le cas d'individus ou de petits groupes hérétiques. Cependant, pendant le Moyen Âge, l'Église a aussi lancé des campagnes militaires. Une des plus célèbres est l'expédition contre les cathares (1208), une secte du sud de la France. La participation de l'Inquisition aux campagnes contre les hérétiques rendit la répression féroce et sanguinaire.

Voir aussi : Croisade des Albigeois ; Cathares ; Concile de Nicée ; Énigme sacrée ; Sophie Neveu.

Hieros Gamos

C'est le rituel sexuel sacré au milieu duquel Sophie a accidentellement surpris son grand-père, Jacques Saunière, entouré par des initiés. Cet événement l'a conduite à couper les ponts avec lui pendant dix ans.

Le terme « hieros gamos » est dérivé des mots grecs signifiant « mariage sacré ». Ses racines remontent aux anciens cultes de fertilité. Le rituel a évolué jusqu'à une discipline spirituelle hautement développée qui permettait à un homme d'atteindre la *gnosis*, ou le savoir directement puisé dans le divin, grâce à une union sexuelle ritualisée avec une femme formée pour être prêtresse. La théorie est qu'un homme est fondamentalement incomplet et ne peut atteindre la divinité qu'en « épousant » le principe féminin dans une union physique et spirituelle, qui déclenche un état de conscience altéré au moment de l'orgasme.

Cet état est symbolisé par Hermaphrodite, une dualité mâle/femelle figurée par la fusion du dieu Hermès et de la déesse Aphrodite. Plus encore, certains soutiennent que des références cryptées dans les textes

médiévaux en rapport avec l'alchimie (l'art de la transmutation) seraient en réalité des allusions à des rituels
sexuels de haut niveau. Les hérétiques médiévaux sont
devenus habiles à développer un langage symbolique
pour débattre de ces questions, et l'on retrouve souvent la rose, représentation des organes génitaux de la
femme, par exemple.

Dans *L'Énigme sacrée*, les auteurs, Baigent, Leigh, et
Lincoln, notent que le Prieuré de Sion semble rendre
un culte à Marie-Madeleine plutôt que de suivre la
dévotion catholique envers la Vierge Marie. Cette observation les mène à développer l'idée que le Prieuré de
Sion a pour principal objectif de veiller sur la lignée
qui prolonge l'union sacrée de Jésus et de Marie-
Madeleine, considérée comme une prêtresse de haut
rang, elle aussi issue d'un sang royal.

Margaret Starbird, dont les théories, exposées dans
The Woman with the Alabaster Jar, figurent aussi
amplement dans le *Da Vinci Code*, a passé dix ans à
étudier et à développer le thème du mariage sacré, ou
Hieros Gamos. À travers un examen minutieux des
passages bibliques et une analyse systématique du
symbolisme hérétique médiéval, Margaret Starbird
est arrivée à la conclusion suivante : le problème n'est
pas tant la possibilité que la descendance du Christ
existe réellement, mais la reconnaissance du fait que
Jésus lui-même pourrait avoir célébré le rituel de
l'union sacrée avec Marie-Madeleine. Les principes
de famille et de fidélité que l'Église tente de maintenir, malgré les pressions de ce début de vingt-et-
unième siècle, seraient susceptibles de sortir renfor-
cés de la présentation du récit des noces de Cana

comme un compte rendu du propre mariage de Jésus.

Un mouvement établi en France et fondé en 1840 par Eugène Vintras, l'Église du Carmel, effectue de sincères tentatives pour nuancer de « gnosticisme » une branche du catholicisme, en incorporant des rituels sexuels sacrés à ses pratiques et en œuvrant pour la restauration de la monarchie française d'une manière similaire aux principes du Prieuré de Sion. Cette foi dans la relation sexuelle considérée comme un « sacrement » valut à l'Église du Carmel des accusations de satanisme, et Vintras finit par échouer en prison sur une fausse inculpation de fraude. Après sa libération, un ancien prêtre de l'ordre l'accusa d'organiser des orgies. En 1948, le pape finit par déclarer l'ordre hérétique et excommunia tous ses membres.

Dans le mouvement connu sous le nom de Frères de la doctrine chrétienne, fondé en 1838 par trois prêtres du nom de Baillard, qui étaient aussi frères, on trouve un rapport encore plus direct avec les rituels du Hieros Gamos et le Prieuré de Sion. Ils établirent un lieu de culte important sur l'emplacement d'un sanctuaire païen, à Sion-Vaudémont, en Lorraine, où la déesse de l'Amour Rosmerta avait été christianisée en 994, pour devenir une Vierge noire.

Connu aussi sous le nom de Frères de Notre-Dame de Sion, ce mouvement moderne semble trouver son inspiration dans un authentique ordre chevalier, l'ordre de Notre-Dame de Sion, fondé en 1393 par Ferri Ier de Vaudémont. Le fils de Ferri, Ferri II, épousa Yolande de Bar, la fille du Bon Roi René d'Anjou — tous les deux figurent dans la liste des grands maîtres du Prieuré de Sion recensée par les *Dossiers secrets*. Après ce mariage, l'ordre de Notre-Dame de Sion et le Prieuré auraient fusionné.

Cinq cents ans plus tard, la version du catholicisme des frères Baillard, qui soulignait le rôle du Saint-Esprit et exaltait la sexualité sacrée, connut un grand succès, notamment au sein de l'aristocratie. Mais en 1852, il fut également dissous, après d'inévitables accusations de messes noires. Par la suite, toute tentative pour incorporer la sexualité sacrée aux rites catholiques fut menée en secret. On assista alors à la prolifération d'une multitude d'ordres ésotériques aux convictions plus ou moins sincères.

Aujourd'hui, on tente de savoir s'il est possible de certifier la réalité du mariage de Jésus et de Marie-Madeleine. Soit on peut vraiment prouver la véracité historique de cette union, soit nous assistons à la résurgence d'un besoin primaire, et profondément ancré dans l'âme humaine, celui de rendre au divin féminin l'une des plus anciennes religions patriarcales du monde.

Voir aussi : Vierges noires ; Dossiers secrets ; Prieuré de Sion.

Homme de Vitruve

« Dans son ouvrage sur l'architecture, Vitruve, l'architecte, dit que la nature a ordonné le corps humain selon
les normes suivantes : quatre doigts font une paume,
quatre paumes font un pied, six paumes font une cou-
dée, quatre coudées font la hauteur d'un homme. Et
quatre coudées font un pas, et vingt-quatre paumes font
un homme ; il s'est servi de ces mesures pour concevoir
ses constructions. En ouvrant les jambes pour perdre
environ un quatorzième de sa taille et en écartant les
bras jusqu'à ce que les doigts du milieu s'élèvent au
niveau du sommet de la tête, le centre des membres
étendus sera le nombril, et l'espace entre les jambes, un
triangle équilatéral. La largeur des bras étendus d'un
homme est égale à sa hauteur. Le visage, depuis le menton jusqu'à la racine des cheveux, vaut le dixième ; la
tête, depuis le menton jusqu'au sommet du crâne, vaut
un huitième ; du haut de la poitrine jusqu'au sommet
de la tête, on compte un sixième ; du haut de la poitrine à la racine des cheveux, un septième. Du milieu
de la poitrine au sommet de la tête, un quart, ainsi que
la plus grande largeur des épaules. Du coude au bout
de la main, un cinquième de la hauteur totale d'un
homme ; et la distance du coude à l'aisselle représente
un huitième. La main entière sera un dixième ; le début
des organes génitaux marque le milieu. Le pied est un
septième de la taille totale. Entre la plante des pieds et
le bas du genou, un quart, ainsi que du bas du genou
aux organes génitaux. Quant au visage, le tiers de sa
hauteur se mesure de la base du menton à la base du
nez ; de la base des narines jusqu'au milieu de la ligne
des sourcils, le nez en vaut autant ; de cette limite
jusqu'à la racine des cheveux, on définit le front, qui
constitue ainsi le troisième tiers. L'oreille a la même
proportion. »

Ce qui précède est la traduction du texte de Vitruve qui accompagne *L'Homme de Vitruve* de Léonard de Vinci. Il est tiré du Livre III de *De Architectura* de Vitruve ; le dessin de Vinci était à l'origine une illustration destinée à un ouvrage sur les travaux de cet architecte.

L'Homme de Vitruve est probablement une des œuvres les plus fameuses de Vinci. Dans le *Da Vinci Code*, c'est aussi l'œuvre préférée de Sophie, et la posture choisie par Jacques Saunière avant de mourir.

L'image de l'homme avec deux paires de bras et deux paires de jambes tendues selon des angles différents a orné les murs des chambres d'au moins deux générations. Vitruve était un ingénieur romain, écrivain et architecte du dernier siècle avant notre ère. Le seul de ses livres qui nous reste, *De Architectura*, contient dix gros chapitres encyclopédiques dans lesquels il discute d'aspects variés de l'urbanisme romain, d'ingénierie et d'architecture, mais aussi des proportions humaines. Redécouvert à la Renaissance, il prit une grande part au développement du classicisme au cours de cette période, et bien sûr des suivantes.

La composition de *L'Homme de Vitruve*, comme elle a été illustrée par Léonard de Vinci, est entièrement fondée sur le texte de Vitruve et les dimensions du corps humain. Son propos, qui s'appuie sur la rationalisation de la géométrie, par l'intermédiaire de petits nombres entiers pour construire la composition, s'est largement vérifié depuis.

Voir aussi : Léonard de Vinci ; Sophie Neveu ; Jacques Saunière.

Isaac Newton

À Londres, Robert Langdon et Sophie Neveu cherchent des indices pour débloquer le cryptex. Ils sont conduits sur la tombe de sir Isaac Newton, le premier scientifique à avoir été anobli.

Isaac Newton est né à Woolsthorpe, en Angleterre, le 25 décembre 1642 selon le calendrier julien, ou le 4 janvier 1643 selon le calendrier grégorien. Son père mourut avant sa naissance, laissant Isaac à la charge de sa mère, qui l'éleva seule pendant les trois premières années de sa vie. Quand Hannah Newton se remaria à Barnabas Smith, en 1646, elle quitta la maison et Isaac se retrouva à la garde de ses grands-parents. L'arrangement dura jusqu'à ce que Hannah soit de nouveau veuve après huit ans de mariage, et elle revint avec trois enfants, les demi-frères d'Isaac.

Peu après le retour de sa mère, l'enfant dut une fois de plus se séparer d'elle après son inscription à la King's School de Grantham, dans le Lincolnshire. Le jeune Isaac a alors douze ans. L'école étant trop loin de chez lui pour permettre un trajet quotidien, il fut logé dans la famille d'un apothicaire local, un certain Clark. D'après les carnets de notes de cette époque, Newton commence à se passionner pour le travail de l'herboriste ; ce vif intérêt pour les traitements et les médicaments ne se démentira jamais.

Même si Isaac ne se détacha pas immédiatement de ses condisciples, Henry Stokes, le directeur de l'école, fut rapidement sensible au potentiel de son élève et dut être d'autant plus déçu quand sa mère le retira de l'école l'année de ses seize ans. Newton retourna chez lui, mais il s'habitua mal à sa vie à la ferme. Sous l'influence de Strikes et du frère d'Hannah, William Ayscough, lui-même diplômé de l'université de Cambridge, il fut convenu qu'Isaac retournerait en classe pour se préparer à entrer au Trinity College de Cambridge.

En 1661, une amitié qui devait durer de longues années débuta entre Newton et Cambridge. Il suivit ses études en qualité de *subsizar*, puis de *sizar*, c'est-à-dire qu'il devait assurer le service d'autres étudiants pour payer sa scolarité et gagner de quoi vivre. Tout en étant une veuve aisée, la mère d'Isaac n'était pas trop encline à faciliter la réalisation des ambitions universitaires de son fils. Ce désavantage ne l'empêcha pas d'obtenir son *Bachelor's Degree*, équivalent de la licence, en 1665, date à laquelle il retourna dans sa famille, à Woolsthorpe, où il passa les dix-huit mois suivants.

Cette absence prolongée de l'université n'avait rien d'un caprice : pendant ce temps, la peste fauchait de nombreuses vies. Néanmoins, même s'il n'était pas à Trinity College, Newton travailla sur des

(*Ci-dessus*) Le tableau
le plus célèbre du
monde, *La Joconde*.
Mais que cache son
sourire énigmatique ?

Serait-ce un autoportrait
de Léonard de Vinci ?
(*à droite*)

L'Adoration des mages de Léonard de Vinci. De récentes recherches ont révélé que la scène originale sous les couches de peinture a un thème radicalement différent.

La première version de la *Vierge aux Rochers (à gauche)*, actuellement exposée au Louvre, fut considérée comme si subversive qu'une seconde version fut réalisée *(ci-dessous)*. On peut l'admirer à la National Gallery de Londres.

(À gauche) *La Cène*, chef-
d'œuvre de Léonard de Vinci.
Le gros plan *(ci-dessus)* montre
la main « sans corps » armée
d'un couteau qui a éveillé les
controverses. La silhouette à la
gauche de Jésus serait une femme
selon les affirmations des mêmes
chercheurs. Dans ce cas, serait-ce
une représentation de Marie-
Madeleine, que beaucoup
considèrent comme l'épouse
de Jésus ?

(Ci-dessus) La célèbre pyramide de verre et d'acier à l'entrée du Musée du Louvre à Paris.

(À droite) L'église Saint-Sulpice à Paris qui abrite le mystérieux Gnomon et la Rose Ligne.

(À *droite*) Temple Church à Londres est un authentique lieu de culte des Chevaliers du Temple. L'église qui date du XIIe siècle est encore en service aujourd'hui.

(À *gauche*) Le magnifique monument consacré à Newton dans l'abbaye de Westminster à Londres.

(Ci-dessus) Rosslyn Chapel, près d'Édimbourg en Écosse, est célèbre pour ses sculptures extraordinaires qui n'ont pas encore été déchiffrées. Contrairement à la croyance populaire, elle n'a pas été édifiée par des Templiers.

(Ci-dessous) La Pyramide Inversée du Louvre semble suspendue dans l'air, et plane délicatement au-dessus d'une petite pyramide de pierre posée sur le sol.

concepts mathématiques, et les deux années 1665 et 1666 sont recensées comme les *anni mirabiles* du jeune Isaac.

Sa méthode pour calculer la somme des arcs d'une courbe comprenait une technique qui servit de fondement à l'étude du mouvement des planètes en orbite. Appliquée aux corps célestes, son étude des forces devait mener à sa théorie de la gravité.

La peste qui avait dispersé étudiants et personnel recula enfin, et l'université rouvrit ses portes en 1667. Newton fut nommé membre du corps enseignant de Trinity College et il passa également son doctorat. Il était désormais titulaire d'un emploi à vie à l'université. Quand, à partir de 1669, sa nomination de professeur de mathématiques fut confirmée, il avait gravi en un temps record tous les échelons de la hiérarchie universitaire.

L'Église anglicane était un des piliers de la vie publique et universitaire à laquelle il devait se soumettre. Ses propres convictions étaient puritaines, et il concentra son énergie sur ses travaux, ignorant les tentations susceptibles de le distraire. En 1764, il pria l'un de ses amis, chapelain du roi, de lui obtenir une dérogation qui le dispense de l'ordination.

Newton s'intéressait particulièrement aux propriétés de la lumière, et il pensait que la lumière blanche était composée de bandes de couleurs différentes et non d'une seule entité, théorie énoncée par Aristote. Après une série d'expériences avec des prismes, il présenta son invention, le télescope à réflexions multiples, devant la Royal Society, où il fut admis en 1672.

Newton continua ses recherches à partir de sa compréhension des lois du mouvement et de l'effet de la force centrifuge appliquée à un objet suivant un trajet circulaire. Il en tira la loi de la racine carrée inversée et utilisa ses calculs pour démontrer que les planètes étaient attirées vers le Soleil par cette force. Dans son ouvrage *Philosophiae Naturalis Principia Mathematica* (plus connu sous le nom de *Principia*), il réussit à expliquer les variations de l'orbite de la Lune, l'action des marées et l'angle de précession de l'axe de la Terre. Les résultats de ses travaux, publiés en 1687, ont été considérés comme l'un des plus grands ouvrages scientifiques jamais rédigés.

Pour un homme qui développait autant de principes scientifiques, Newton avait aussi un centre d'intérêt singulièrement peu orthodoxe : l'alchimie, l'art de transformer les métaux en or. Ces recherches occupaient une grande partie de son temps, et bien qu'il n'ait jamais publié dans ce domaine, il laissa des carnets couverts de notes.

Le fondement des principes alchimiques dérivait de la description aristotélicienne des quatre éléments, combinée à la notion de conditions adéquates dans lesquelles un matériau pouvait se transformer en un autre si la proportion de leurs éléments était convenablement ajustée. Les Arabes en avaient affiné la pratique depuis le quatrième siècle, les métaux étant alors considérés comme un composé de sulfure et de mercure. En conséquence, un métal, disons du plomb, pourrait être converti en un autre, disons de l'or, en modifiant l'équilibre entre le sulfure et le mercure. Le *Corpus Hermeticum*, manuscrit du deuxième ou du troisième siècle attribué à Hermès Trismégiste, suscita le grand intérêt pour l'alchimie qui se développa en Europe.

Les premières expériences de Newton tentèrent d'aboutir à la pierre philosophale, censée être, selon les alchimistes, le catalyseur permettant la transmutation du métal. Il produisit une forme d'antimoine appelée l'étoile Regulus et écrivit dans une lettre de 1672 qu'un des usages de ce produit serait de servir de miroir à un télescope. Cela montre le lien existant entre les découvertes orthodoxes de Newton dans les champs de l'optique, de la gravité ou des mathématiques, et la discipline qui l'occupait dans son appartement de Cambridge.

Après avoir passé trente-cinq ans à l'université, Isaac Newton partit pour Londres prendre une fonction administrative en rapport avec la fabrication des pièces de monnaie. Ce changement d'activité ne fut pas un obstacle à la poursuite de sa carrière scientifique, et il fut élu président de la Royal Society en 1703. Une autre publication majeure, *Opticks,* paraît en 1704, et peu après la reine Anne le nomma chevalier.

À sa mort, en 1727, sir Isaac Newton fut enterré dans l'abbaye de Westminster, après des funérailles nationales. Les porteurs du cercueil étaient le lord chancelier, deux ducs et trois comtes. Un monument fut érigé à la mémoire de cet homme extraordinaire.

Les notes de Newton sur ses études alchimiques furent acquises en 1936 par l'économiste John Maynard Keynes, qui déclara durant le discours du troiscentième anniversaire de la naissance de Newton : « Il considérait l'univers comme un cryptogramme conçu par le Tout-Puissant. »

Voir aussi : Monument de Newton ; Alexander Pope.

Isis

Dans le *Da Vinci Code*, Jacques Saunière est présenté comme un expert du culte de la Déesse ; en sa qualité de conservateur du Louvre, il a ajouté plusieurs statues d'Isis avec son fils Horus aux collections du musée. Au cours d'une description de la maison de Teabing, nous apprenons qu'il possède une statue d'Isis, posée sur le manteau d'une cheminée.

Isis est la plus puissante des déesses de l'ancienne Égypte — la déesse universelle. Elle est la mère du dieu Horus, et donc mère symbolique du roi, femme et sœur d'Osiris, le dieu du monde souterrain. Elle est appelée « Grande en Magie », on lui rend grâce pour ses dons de guérison et ses capacités à développer la fertilité. Son statut élevé et son rôle de mère du roi sont soulignés par le hiéroglyphe en forme de trône qui la désigne habituellement et qu'elle porte souvent au-dessus de la tête dans ses représentations. Isis est dépeinte dans nombre de manifestations différentes : comme mère, elle est parfois figurée telle la « grande truie blanche d'Héliopolis », comme Isis la vache, la mère d'Apis, le taureau sacré de Memphis. Comme Hathor, dont le nom signifie « maison d'Horus » (c'est-à-dire la matrice d'Isis), elle est montrée portant un disque solaire posé entre deux larges cornes de vache. Le symbole d'Isis est le *tyet* ou « nœud d'Isis », qui ressemble à un ankh dont les barres transversales seraient tournées vers le bas au lieu d'être droites. On pense que le *tyet* représentait la protection que portaient les femmes lors de leur flux menstruel, et un texte du Livre des Morts indique que les amulettes *tyet* devaient être faites de jaspe rouge, un type de quartz.

Les origines d'Isis restent obscures. La première mention de son existence date de la quatrième et de la cinquième dynasties (2492-2181 avant. J.-C.) Elle figure dans les *Textes des pyramides* : la plus ancienne collection de littérature égyptienne, religieuse, funéraire et magique. Cependant, leur nature orale et leur langage archaïque démontrent que ces écrits sont originaires d'un temps encore plus ancien, voire de la deuxième ou de la troisième dynastie (2890-2613 avant. J.-C.). En ce qui concerne la théologie, Isis était la fille de Geb et de Nout, la sœur d'Osiris, Seth, Nephtys et Thot. D'après la tradition, Seth, jaloux de la souveraineté de son frère sur l'Égypte, assassina Osiris sur les bords du Nil, au nord du pays. Quand Isis découvrit la mort de son frère bien-aimé, elle fut inconsolable et fouilla tout le pays à la recherche du corps. Elle finit par le découvrir et, grâce à ses pouvoirs magiques de guérisseuse, elle réussit à le ramener à la vie assez longtemps pour avoir un rapport sexuel avec lui et concevoir un fils, Horus. Son objectif était qu'Horus puisse venger le meurtre d'Osiris. Il lui fallait maintenant protéger son fils, afin qu'il puisse réclamer son héritage : le trône d'Égypte usurpé par son oncle Seth.

Isis parvient à ses fins par l'intermédiaire d'une procédure légale. Elle présente ses réclamations devant le tribunal des dieux — présidé par Geb —, où sa « langue agile » plaide la cause de son fils. Isis parvient à berner Seth et l'amène à se prononcer lui-même en faveur d'Horus. Déguisée en belle étrangère, Isis rencontre son frère et lui raconte de quelle manière son époux a été assassiné, ses terres et son bétail volés, laissant son fils orphelin, sans abri et sans possibilité d'assurer sa subsistance. Elle lui demande de l'aider à rendre à son fils ses biens légitimes. Seth est écœuré par le sort injuste de l'enfant, et quand Isis révèle sa véritable identité, il se retrouve humilié devant l'assemblée des dieux. Après plusieurs rencontres similaires, les dieux se prononcent finalement contre Seth et décrètent que dorénavant Horus sera le souverain des vivants, pendant qu'Osiris régnera sur les morts. Ainsi, Isis joue un rôle primordial dans l'établissement de son fils comme souverain de plein droit. À travers ce rôle, elle est considérée comme la protectrice de la royauté, et chaque pharaon sera désormais un Horus vivant.

Les soins dont Isis a entouré Horus pendant qu'il grandissait lui valent aussi d'être associée avec la protection des enfants en général. Ainsi, plusieurs remèdes et des charmes magiques sont appliqués ou prononcés en son nom pour garder les enfants des brûlures ou des morsures de scorpion et de serpent.

Renommée pour sa sagesse et sa ruse, Isis était considérée comme « plus intelligente qu'un million de dieux ». Par ses talents et son habileté, elle amena le dieu Râ à lui confier son nom secret, et, mieux encore, obtint de lui la permission de transmettre ce nom à Horus, puis à chacun des pharaons par la suite. Dans l'ancienne Égypte, trouver le nom secret de quelqu'un revenait à détenir une arme formidable, puisque cela signifiait que cette personne était soumise au pouvoir magique rattaché à ce nom. Posséder le nom secret d'un dieu signifiait que l'on disposait d'une puissance considérable.

Les nombreuses histoires concernant Isis soulignent ses capacités de guérison, de fertilité, de sagesse ou de protection, et ces éléments, ainsi que ses étroites relations avec la royauté égyptienne, signifient que ses lieux de culte et ses temples étaient répandus à travers toute l'Égypte. Le plus célèbre des temples d'Isis était situé sur l'île de Philae, dans le sud du pays, qui date principalement de la période gréco-romaine (380 avant J.-C. 30 après J.-C.). À l'époque de Cléopâtre (51-30 avant J.-C.), le culte d'Isis est la religion officielle en Égypte.

L'attrait universel de la déesse a permis à son culte de s'épanouir hors des limites de l'Égypte, à travers tout le monde méditerranéen, voire au-delà. On trouve des temples d'Isis à Athènes, Pompéi, Paris et même Londres. Son culte, légèrement modifié en quittant l'Égypte, est devenu si populaire parmi le peuple de Rome que le Sénat, craignant un soulèvement des masses, ordonna la destruction du temple d'Isis et Sérapis (Osiris). L'ordre ne fut jamais exécuté. En dépit de son abolition par Jules César, la vénération de la déesse continua à s'étendre. Malgré des persécutions et des expulsions ultérieures, Isis demeura au centre d'un culte mystérieux extrêmement répandu à travers le monde hellénique et l'Empire romain.

La popularité d'Isis réside en sa puissance universelle. Elle est mère, épouse, guérisseuse, protectrice, rédemptrice. Cette séduction gagna tant de terrain que, au cours des périodes ultérieures, sa vénération finit par menacer la primauté du christianisme. Aux environs de 140, dans les *Métamorphoses*, Apulée relate une cérémonie d'initiation au culte d'Isis. Lui aussi la décrit comme la rédemptrice éternelle, termes qui évoquent le christianisme. En réalité, de nombreux aspects de l'Église primitive chrétienne trouvent leur origine dans le culte d'Isis, comme l'iconographie de la Vierge à l'Enfant, certains attributs et titres de la Vierge Marie, le pardon des péchés à travers la pénitence, le baptême dans l'eau, la rédemption, le salut à travers le divin, la vie éternelle dans l'au-delà.

Voir aussi : Culte de la déesse ; Louvre ; Osiris ; Jacques Saunière.

Jacques Saunière

Jacques Saunière est le conservateur du musée du Louvre et le grand maître secret du Prieuré de Sion. Son meurtre lance Robert Langdon et Sophie Neveu dans une quête pour résoudre les énigmes qu'il a laissées et découvrir le secret du Prieuré de Sion avant l'Opus Dei.

Le nom de Saunière est inspiré par le célèbre mystère qui rapproche le Prieuré de Sion d'un prêtre énigmatique, Béranger Saunière. En juin 1885, ce dernier prit son poste de curé à l'église Sainte-Marie-Madeleine, dans le petit village de Rennes-le-Château, dans l'Aude.

Pendant les six premières années de son ministère, le jeune et beau Saunière mena une vie simple dans sa pauvre paroisse de l'arrière-pays. Il partageait ses loisirs entre la chasse, la pêche et la découverte de la fascinante histoire de la région, à laquelle l'initiait son voisin de Rennes-les-Bains, l'abbé Henri Boudet. À cette époque, Saunière employait comme gouvernante une jeune paysanne, Marie Dernarneaud, femme dévouée qui plus tard hérita de ses propriétés et de ses secrets.

En 1891, inspiré par les récits romantiques de Boudet sur l'histoire locale, Saunière lève des fonds pour entreprendre une modeste restauration de son église, construite en 1059 sur les ruines d'un édifice wisigoth du sixième siècle. Pendant la rénovation de l'autel, Saunière aurait trouvé quatre anciens parchemins cachés dans les piliers wisigoths qui supportaient la pierre d'autel. Personne n'a jamais vu ces mystérieux documents, mais deux seraient des généalogies datant de 1244 et de 1644, les deux autres étant censés être des textes codés rédigés aux environs de 1780 par l'abbé Antoine Bigou, l'un des prédécesseurs de Saunière dans la paroisse de Rennes-le-Château.

Après décodage, les documents auraient révélé des messages encore plus cryptiques. On pense que Saunière, croyant être tombé sur quelque chose d'important, aurait consulté l'évêque de Carcassonne. Le supérieur ecclésiastique prit des dispositions immédiates pour que le jeune prêtre emporte les parchemins à l'abbé Bieil et à Émile Hoffet, au séminaire de Saint-Sulpice à Paris, pour un examen plus approfondi. Pendant son séjour à Paris, Saunière aurait visité le Louvre et y aurait acheté des reproductions de tableaux de Teniers et de Poussin, deux artistes auxquels se référaient les messages décryptés des parchemins.

À son retour à Rennes-le-Château, l'abbé adopta un comportement singulier. D'abord, il poursuivit la restauration de son église, profitant des travaux pour effacer des inscriptions sur des pierres tombales dans le petit cimetière ou desceller et ôter des dalles. Puis il entama une série de longues marches dans la campagne, accompagné de Marie Denarneaud, rapportant d'insolites quantités de pierres apparemment sans valeur. Peu de temps après, il fit circuler une importante correspondance à travers toute l'Europe et ouvrit des comptes bancaires dans des endroits stratégiques du sud de la France.

En 1896, Saunière commença à dépenser de grosses sommes d'argent et entama une restauration importante de l'église Sainte-Marie-Madeleine, comportant une nouvelle décoration symbolique du lieu. Mais le village profita aussi de ses largesses puisqu'il fit construire une route et une réserve d'eau. Enfin, il fit édifier un petit manoir, appelé la villa Béthania, qu'il n'a jamais vraiment occupé. Le parc autour de la maison s'achève sur la tour Magdala. Dressée sur la colline, la tour crénelée offre une vue panoramique sur la vallée, le plateau et les montagnes environnantes. On estime que ce curé d'une paroisse pauvre aurait dépensé l'équivalent de plusieurs millions d'euros pendant les vingt ans qui le séparaient de sa mort, en 1917.

Comme on pouvait s'y attendre, les dépenses extravagantes de Saunière attirèrent l'attention des autorités ecclésiastiques locales, qui le sommèrent d'expliquer la source de son immense fortune. L'abbé refusant, l'évêque l'accusa de vendre illégalement des messes, et un tribunal le suspendit de son poste. En réponse, Saunière en appela directement au Vatican, qui annula la décision et le rétablit dans ses fonctions.

Le 17 janvier 1917, Saunière subit une grave attaque, dont il ne se remit jamais. Cette date a une signification particulière dans la mythologie du Prieuré de Sion, puisqu'il s'agit de la fête de saint Sulpice, mais aussi d'une date qui figurait sur l'une des pierres tombales effacées par Saunière dans le cimetière de l'église.

Le prêtre qui a assisté Saunière pour entendre sa dernière confession aurait refusé de lui administrer le rite de l'extrême-onction, et il serait mort le 22 janvier sans avoir reçu l'absolution.

La villa Béthania est citée dans les *Dossiers secrets* comme l'« arche », ou la maison mère des vingt-sept commanderies du Prieuré de Sion éparpillées à travers la France. En conséquence, Pierre Plantard, grand maître du Prieuré de Sion, a laissé entendre que Rennes-le-Château abritait une cache secrète des archives de l'ordre. Le fait que Plantard acheta lui-même une propriété dans la région tendrait à confirmer cette rumeur.

Cent ans plus tard, les spéculations sur la nature de la trouvaille ayant fait de Saunière un homme riche continuent à battre leur plein ; les chasseurs de trésors hantent encore la région. Mais rien de significatif n'a jamais été découvert et le mystère demeure.

Voir aussi : Pierre Plantard ; Prieuré de Sion ; Saint-Sulpice.

Jérôme Collet

Ce lieutenant de police est l'assistant de Bézu Fache et suit l'enquête en France dans le *Da Vinci Code*. Son nom fait sans doute référence à l'expression populaire « mettre la main au collet » qui signifie, entre autres, arrêter un individu.

Voir aussi : Bézu Fache.

Joconde (La)

Le plus fameux tableau du monde, *La Joconde,* de Léonard de Vinci, est exposé au Louvre à Paris. Il apparaît au début du *Da Vinci Code*. Sophie et Langdon sont guidés vers ce tableau pour découvrir une énigme de Jacques Saunière, griffonnée sur le verre qui protège la toile.

Probablement réalisée entre 1503 et 1506, avec un petit complément en 1510, *La Joconde* est l'un des visages les plus célèbres à travers le monde. Cependant, personne ne connaît avec exactitude l'identité du modèle. L'œuvre a été exécutée à la demande d'un marchand de soie florentin, du nom de Francesco Giocondo, et la plupart des historiens d'art s'accordent à penser qu'il s'agit d'une représentation de Lisa Gherardini, son épouse. Giocondo aurait commandé le portrait à l'occasion de la naissance de leur second fils, en décembre 1502. Mais, depuis cinq cents ans, le débat perdure pour déterminer qui est réellement représenté.

L'origine du titre anglais du tableau, *Mona Lisa*, semble due à une faute d'orthographe. En effet, le mot Mona est en réalité une contraction de Madonna, ou Mia Donna, signifiant « Ma Dame ». En France, le tableau s'appelle *La Joconde*, et en italien *La Gioconda*, qui signifie la « Joyeuse », mais dissimule un jeu de mots sur le nom du modèle présumé, l'épouse de Giocondo, la Gioconda.

La toile est une brillante démonstration de la technique du *sfumato :* une manière d'appliquer la peinture de façon à créer des zones vaporeuses où les teintes se fondent les unes dans les autres. Avec *La Joconde*, Léonard de Vinci démontre combien il maîtrise cette technique. Il a défini les coins des yeux et la bouche avec une telle précision et une telle harmonie que le tableau en acquiert une dimension onirique.

Une des anomalies remarquables du portrait est que le personnage est dépourvu de sourcils. C'est peut-être le résultat d'un nettoyage trop zélé dans le passé, ou simplement une caractéristique du modèle qui s'épilait peut-être entièrement les sourcils, comme le voulait la mode de l'époque.

Quelques chercheurs ont prétendu que le tableau était en réalité un autoportrait de Vinci sous des traits féminins, voire hermaphrodites. Effectivement, en enlevant au personnage ses cheveux, on obtient un ensemble de traits asexués. Cette théorie a été développée par deux chercheurs indépendants, Lilian Schwartz, de Bells Labs, et Digby Quested, du Maudsley Hospital à Londres. Tous deux ont démontré à partir de la technologie informatique que *La Joconde* pouvait être interprétée comme un autoportrait de Vinci. Ils ont appliqué la technique du *morphing* au fameux autoportrait de l'artiste en vieil homme, pour le transformer en *La Joconde*. Les résultats étaient étonnants. Il semblerait que cette *Joconde* femme soit un reflet très fidèle du visage du maître, les principales lignes faciales correspondraient, dont le bout du nez, les lèvres et les yeux.

En 1911, *La Joconde* fut volée par Vincenzo Peruggia, un menuisier employé au Louvre. Peruggia sortit simplement du salon Carré du Louvre, où la peinture était exposée, avec le chef-d'œuvre dissimulé sous ses vêtements. Il fallut attendre 1913 pour la retrouver, quand il tenta de vendre l'œuvre à un collectionneur. Il avait caché la plus célèbre toile du monde dans le double fond d'un coffre. Il semble que Peruggia était persuadé qu'un grand nombre des œuvres italiennes du Louvre avaient été pillées par Napoléon et il avait souhaité ramener *La Gioconda* à la terre à laquelle elle appartenait.

Voir aussi : Léonard de Vinci ; Louvre.

Joseph d'Arimathie

Lorsque Sophie Neveu découvre le lien existant entre sa famille et la prétendue lignée du Christ et de Marie-Madeleine, elle comprend qu'il lui reste encore beaucoup à apprendre. Teabing, l'expert du Graal, lui expose alors la théorie selon laquelle Joseph d'Arimathie aida Marie-Madeleine à se réfugier en France après la Crucifixion.

On retrouve la mention de Joseph d'Arimathie dans les quatre Évangiles. Il est décrit comme l'homme qui recueillit le corps du Christ pour l'enterrer après le Calvaire (Matthieu XXVII, 59-60 ; Marc XV, 46 ; Luc XXIII, 53 ; Jean XIX, 38-40). Il paya les funérailles et, aidé par le prêtre pharisien Nicodème, ensevelit le corps entouré de bandelettes, de lin et d'épices dans le tombeau de pierre prévu pour sa propre sépulture.

Les Évangiles donnent seulement une brève description de Joseph d'Arimathie ; il existe donc peu d'informations sur lui, hormis sa richesse et le fait qu'il était un disciple secret de Jésus (Jean XIX, 38). D'après Luc (XXIII, 50), il siégeait à l'assemblée du Sanhédrin, statut qui impliquait une certaine autorité. Considéré comme un « homme bon et droit » (Luc XXIII, 50), Joseph d'Arimathie s'était opposé à la condamnation de Jésus par le Sanhédrin. Selon Matthieu (XXVII, 57-60) et Marc (XV, 43-45), Joseph réclama le corps du Christ à Ponce Pilate en personne. On imagine donc qu'il occupait une position assez éminente pour se voir accorder une audience par le gouverneur romain de Judée. Selon les coutumes juives, le devoir d'organiser l'ensevelissement revenait au parent mâle le plus proche du mort, tradition qui amène certains à voir en Joseph d'Arimathie le frère de Jésus, mais d'autres traditions orientales le considèrent comme l'oncle de la Vierge Marie.

Quelques textes non canoniques éclairent un peu mieux le personnage. L'Évangile de Pierre indique qu'il était un ami personnel de Ponce Pilate et l'Évangile de Nicodème se réfère à l'enterrement du Christ en précisant que par la suite les Juifs ont arrêté Joseph d'Arimathie. Pendant sa détention, Jésus ressuscité lui apparut dans sa prison et le transporta miraculeusement jusque chez lui, où il lui demanda de rester quarante jours. Les geôliers découvrirent avec étonnement que Joseph s'était évadé de sa cellule en laissant intacts les serrures et les sceaux censés le retenir prisonnier. Comprenant qu'ils avaient affaire à un homme de haut rang, les Anciens lui écrivirent une lettre d'excuses et lui proposèrent une rencontre à Jérusalem. Pendant l'entretien, Joseph expliqua ce qui s'était passé et les informa que d'autres étaient aussi ressuscités en même temps que Jésus. Dans l'Évangile de Nicodème, le récit de Joseph confirme l'histoire de l'emprisonnement. Le Passage de Marie passe pour un Évangile écrit par

Joseph d'Arimathie lui-même, qui aurait veillé sur la Vierge Marie après la Crucifixion.

Contrairement aux renseignements disponibles dans les Évangiles sur Joseph d'Arimathie, les informations sur le personnage abondent dans les textes apocryphes, les légendes ultérieures et les romans arthuriens. Dans ces comptes-rendus, il est présenté comme un marchand d'étain qui a amené Jésus avec lui en Angleterre dans sa jeunesse, mais également comme le fondateur du christianisme en Grande-Bretagne, et aussi le gardien du Graal. Que ce personnage secondaire du Nouveau Testament puisse être relié à la Grande-Bretagne a quelque chose de surprenant, mais une longue tradition l'associe aux Cornouailles et au Somerset. Cette tradition fait état d'un voyage du jeune Jésus avec Joseph, venu conclure un marché. Si, à l'époque, la Grande-Bretagne était familière à Joseph d'Arimathie, il n'est guère étonnant qu'il y ait été envoyé de Gaule par l'apôtre Philippe.

Bien que le fondateur authentique du christianisme en Grande-Bretagne soit saint Augustin de Canterbury, en 597, des sources non canoniques et des comptes-rendus plus tardifs relatent l'arrivée de Joseph d'Arimathie dans le pays en 37, ou en 63. Les récits attestent que Joseph quitta la Judée avec un petit groupe, où figurent généralement l'apôtre Philippe, Lazare, Marie-Madeleine, Marthe, Marie de Béthanie et d'autres. À Marseille, Lazare et Marie-Madeleine restèrent en arrière pendant que le reste du groupe voyageait à travers la Gaule, plus au nord. L'apôtre Philippe envoya Joseph d'Arimathie et onze ou douze (selon les textes) compagnons pour évangéliser la Grande-Bretagne. Le voyage par mer les emmena jusque dans l'ouest, où le roi local, Arviragus, donna à Joseph et ses compagnons des terres sur l'Île blanche. C'est là qu'ils construisirent une église de torchis, la Vetusta Ecclesia, dédiée à la Vierge Marie. On convient en général qu'il s'agit du site actuel de Glastonbury (Anglesy pour Graham Phillips), où le monastère bénédictin occupe maintenant l'emplacement de cette église. La plupart des ces indications se retrouvent dans *The Antiquities of the Church at Glastonbury*, écrit au douzième siècle par William de Malmesbury, aussi bien que la *Chronicle of the Antiquities of the Church of Glastonbury*, de John de Glastonbury. Cependant, il existe un compterendu antérieur de la participation de Joseph d'Arimathie à l'implantation du christianisme en Grande-Bretagne dans *L'Histoire des Francs* de Grégoire de Tours.

Une autre partie de l'histoire de Joseph et de la première communauté chrétienne de Glastonbury concerne le buisson miraculeux qui aurait été planté par Joseph. Pendant une halte sur la Wearyall Hill, un buisson d'aubépine aurait spontanément poussé à l'endroit où Joseph a planté son bâton dans le sol. Ce bâton aurait poussé à partir de la couronne d'épines qui ceignait la tête du Christ pendant la Crucifixion. Toujours à Glastonbury, l'aubépine qui fleurit en mai et à Noël s'appelle le Holy Thorne, le Buisson miraculeux. Cependant, la première mention de cet événement se retrouve dans *The Lyfe of Joseph d'Arimathia*, rédigée en 1520, qui comporte des additions tardives, en 1677 et 1716.

Le plus célèbre des mythes entourant Joseph d'Arimathie est sans aucun doute celui qui en fait le gardien du Saint-Graal. Celui-ci est généralement assimilé à la coupe utilisée par Jésus pendant la Cène dans laquelle Joseph aurait recueilli quelques gouttes de Son sang durant la Crucifixion. La première mention, aussi rudimentaire soit-elle, figure dans *The Life of St Marie Madeleine*, par Raban Maur (776-856). La figure de Joseph d'Arimathie est aussi liée à la légendaire île d'Avalon, censée se trouver dans le Somerset, où il serait enseveli sous l'église qu'il aurait fondée. Il est également précisé que sont enterrés avec lui deux vaisseaux d'argent qui contenaient le sang et la sueur de Jésus.

La période médiévale a vu fleurir de nombreuses histoires du Graal, notamment le *Joseph d'Arimathie* de Robert de Boron. L'auteur raconte que, sur la croix, Jésus est blessé au côté d'un coup de lance. Joseph recueille le sang dans la coupe de la Cène. Cette association avec le Christ vaut à Joseph d'être emprisonné par les autorités juives. Jésus lui apparaît dans sa cellule et lui enseigne les « mystères du Graal », mais aucune information sur ces mystères n'est donnée. Après quarante-deux ans de détention, Joseph est libéré et voyage avec un groupe de chrétiens vers un pays étranger, où une table ronde est construite pour symboliser la Cène. L'une des places n'est jamais utilisée, celle de Judas. Ensuite, il s'agit de chercher un lieu où déposer le Graal ; le val d'Avalon (Glastonbury) est choisi, où une église est édifiée à cette intention.

D'autres histoires du même genre furent très populaires au Moyen Âge, comme *Grand Saint-Graal* (1200), *Parzifal* (1207) de Wolfram von Eschenbach, et *Queste del Sainte Trinité Graal* (1210), *Perlesvaus* (1255), et la plus importante, *La Morte d'Arthur* (1485) de sir Thomas Mallory. Dans ce roman, Joseph d'Arimathie est le véritable gardien du Saint-Graal et l'ancêtre d'Arthur, de Lancelot et de Galaad.

Voir aussi : Saint Graal ; Marie-Madeleine ; Leigh Teabing.

Leigh Teabing

Teabing, un des personnages principaux du *Da Vinci Code*, vit dans un édifice imposant et splendide, le château de Villette, près de Versailles. Son nom est un amalgame de celui de deux des auteurs de *L'Énigme sacrée*, Michael Baigent et Richard Leigh. Il est forgé en partie d'après un véritable patronyme, et avec une anagramme. Une sorte d'hommage en forme de jeu de mots, Teabing étant une anagramme de Baigent.

Voir aussi : Énigme sacrée.

Léonard de Vinci

Léonard de Vinci est présenté comme l'une des influences majeures de Jacques Saunière, l'homme dont le meurtre ouvre le récit. Plusieurs œuvres de l'artiste sont utilisées comme support d'indices destinés à sa petite-fille, Sophie Neveu. En outre, le cryptex, ou puzzle, qu'elle doit arriver à ouvrir aurait été réalisé d'après des plans de Vinci.

Né en 1452 près du village toscan de Vinci, Léonard était destiné à devenir l'archétype de l'homme de la Renaissance. Célèbre en tant que peintre, sculpteur, architecte, musicien, ingénieur, scientifique, Vinci était un homme d'une habileté et d'un génie rares, dont les croquis représentent des sujets aussi variés que des machines volantes ou des études de l'anatomie humaine, tous réalisés avec une précision scientifique et un sens artistique consommés.

Fils illégitime d'un notaire florentin et d'une paysanne, Léonard aurait passé la majeure partie de son enfance dans la famille de son père, à Vinci. C'est sans doute de cette époque que daterait sa fascination pour la nature, et ce besoin jamais démenti d'en comprendre le fonctionnement. Dès son plus jeune âge, il aurait manifesté un grand talent artistique. Il est décrit comme un enfant précoce et charmant.

En 1466, Léonard part pour Florence et entre dans l'atelier de Verrocchio (de son vrai nom Andrea di Michele di Francesco di Cioni), sculpteur et peintre florentin qui appartient aux chefs de file de ce début de la Renaissance. Son atelier agissait comme un aimant sur les jeunes peintres ou sculpteurs de la ville. Pendant son séjour à l'atelier de Verrocchio, Léonard fréquente des artistes tels que Ghirlandajo et Botticelli. Le premier jouissait d'une excellente maîtrise technique qui lui permettait d'insérer les portraits de personnalités florentines dans ses représentations de scènes religieuses. Le second est devenu l'un des meilleurs coloristes de Florence et l'un des peintres attitrés de la famille Médicis ; il prêta son pinceau à la décoration de la chapelle Sixtine au Vatican, sous le pape Sixte IV. À l'atelier, Léonard fut influencé par ces deux peintres de talent et leur travail. En 1472, Léonard fut enregistré dans la guilde des peintres, et en 1481 il fut engagé par les moines de San Donato a Scopeto pour peindre son *Adoration des mages* (exposée à la galerie des Offices), ce chef-d'œuvre inachevé dont le style singulier imprégnera ses œuvres ultérieures.

En 1482, Vinci entra à la cour de Ludovic Sforza, duc de Milan, surnommé le « Maure » à cause de son teint basané. Avec son épouse, il tenait une cour somptueuse et dépensait d'énormes sommes d'argent pour subventionner les arts. C'est dans cette atmosphère que le génie de Léonard commença à s'exprimer pleinement. Il s'intéressa à l'urbanisme pendant les pestes dévastatrices de 1484 et 1485, intérêt qui se ravivera pendant ses dernières années en France. À la même époque, il rencontra Bramante, un brillant architecte dont le travail semble lui avoir inspiré des dessins et des plans pour l'édification de dômes d'églises et d'autres bâtiments. En 1490, Vinci fut employé comme ingénieur consultant dans la restauration de la cathédrale de Pavie.

En 1483, il avait été chargé avec Ambrogio de Predis, son élève de l'époque, d'exécuter la fameuse *Vierge aux rochers*. La commande émanait d'une organisation connue sous le nom de confraternité de l'Immaculée Conception, qui avait besoin d'un panneau central pour un triptyque derrière l'autel de la chapelle de son église, San Francesco Grande, à Milan. Mais la première version du tableau, que l'on peut voir au Louvre, a été remplacée par une seconde version, exposée actuellement dans les salles de la National Gallery de Londres et réalisée aux environs de 1503. En 1495, Vinci entreprit l'une de ses œuvres les plus célèbres : la fresque de *La Cène*. Avec le temps, la peinture murale a subi de gros dégâts, notamment à cause des expériences de l'artiste sur la technique de la fresque. En 1999, une restauration controversée a presque rendu sa splendeur première à l'œuvre.

Après la chute de Sforza, Léonard quitta Milan pour de brefs séjours à Mantoue et Venise, puis regagna Florence en 1500. Là-bas, il entama des études de mathématiques et des examens anatomiques à l'hôpital de Santa Maria Nuova. En 1502, Léonard entra au service de César Borgia en qualité d'ingénieur militaire. C'est à cette époque qu'il se lia d'amitié avec Machiavel, écrivain et homme politique. Aux environs de 1503, Vinci entreprit la réalisation de ce qui devait devenir son œuvre la plus fameuse, *La Joconde*, maintenant exposée au Louvre.

À Milan, où il était revenu en 1506, Vinci fut engagé comme architecte et ingénieur par Charles d'Amboise, au nom du roi Louis XII de France. À partir de ce moment, il s'intéressa de plus près à la botanique, à la mécanique, à l'hydraulique et à la géologie. Il avait un grand nombre d'élèves et produisait activement sculptures et tableaux, dont *La Vierge, l'Enfant Jésus et sainte Anne*, que l'on peut voir au Louvre.

En 1513, Léonard arriva à Rome sous le patronage du nouveau pape Léon X, un Médicis. Vinci avait déjà soixante et un ans. Il partageait la gloire avec Michel-Ange et Raphaël, les deux jeunes maîtres de la génération qui dominait à l'époque le monde des arts. Pendant son séjour à Rome, Vinci entreprit plusieurs projets d'ingénierie et d'architecture au Vatican, et reçut plusieurs commandes de tableaux. C'est de cette période que date le merveilleux et énigmatique *Saint Jean-Baptiste*, visible au Louvre.

En 1515, Julien de Médicis, le frère du pape, quitta Rome, et l'on suppose que Vinci quitta la ville avec lui. À l'invitation de François Ier, roi de France, il passa ses dernières années au château du Clos-Lucé, près d'Amboise, où il continua à s'intéresser à la philosophie et aux sciences jusqu'à sa mort, en 1519.

En dehors de ses nombreuses réalisations, Vinci est aussi crédité du titre de grand maître du Prieuré de Sion selon les *Dossiers secrets*. Il est maintenant établi qu'il a introduit des éléments symboliques dans ses peintures et autres productions. Cet aspect de son travail mérite un approfondissement. D'après de nombreux experts, Vinci s'intéressait de près à l'alchimie, notamment au principe alchimique qui veut que la fusion entre le mâle et la femelle soit le stade ultime de la perfection. Dans ce cadre, il est possible de se référer à la fréquence des figures androgynes qui apparaissent dans ses tableaux, notamment le *Saint Jean-Baptiste*, dans lequel la silhouette du saint est étrangement hermaphrodite.

En 1965, deux carnets de notes de Vinci ont été découverts à la Bibliothèque nationale d'Espagne, à Madrid. Ces carnets, qui contiennent un journal et un vaste traité sur les principes technologiques, ont été publiés en 1974 sous le titre de *Codex de Madrid*.

Voir aussi : Grands maîtres du Prieuré de Sion ; La Cène ; La Vierge aux rochers ; La Joconde ; L'Homme de Vitruve.

Le Louvre

Dans les premiers chapitres du *Da Vinci Code*, le musée du Louvre tient la toute première place. C'est le décor d'une partie de l'action : Jacques Saunière y a été tué, Robert Langdon et Sophie Neveu s'y rencontrent à cause des soupçons de Bézu Fache. En d'autres termes, le Louvre constitue le point de départ qui finira par mener les personnages jusqu'à Londres et en Écosse.

Le Louvre a commencé son existence comme une forteresse destinée à défendre l'accès de Paris. Le roi Philippe Auguste, qui régna de 1180 à 1223, avait fait ériger des tours à chaque coin de la forteresse, en dehors des remparts de la ville. À cette époque, le palais royal se trouvait sur l'île de la Cité — difficile d'imaginer aujourd'hui que le site du Louvre n'était pas inclus dans les limites de la ville. De cette structure originelle, dont l'édification débuta autour de 1190, il ne reste que les fondations, exhumées en 1985 pendant la rénovation de la cour Carrée.

Au cours des siècles, le bâtiment fut agrandi, notamment par Charles V, qui fit ajouter deux nouvelles ailes et engagea pour l'occasion de nombreux artistes pour moderniser le palais. Entre-temps, les remparts de Paris s'étaient déplacés et se déployaient désormais au-delà du Louvre. La bâtisse perdit ainsi son importance stratégique et militaire pour devenir une résidence royale, un arsenal et une prison. En 1415, les Anglais, qui occupaient de grandes parties de la France actuelle, pillèrent le Louvre et les trésors originaux furent dispersés. Laissé à l'abandon, le bâtiment se détériora jusqu'à ce que François Ier ordonne en 1528 la destruction des vestiges de la structure.

En 1546, un nouveau palais fut mis en chantier sous la direction de Pierre Lescot ; plans et aménagements devaient refléter la richesse et la culture de la cour. C'est à cette époque que la collection d'art royale s'enrichit de *La Joconde*. À la mort de François Ier, son fils Henri II continua avec enthousiasme, et d'autres souverains ajoutèrent ensuite leur propre contribution.

Un palais construit aux Tuileries par Catherine de Médicis fut relié au Louvre par la Grande Galerie, achevée en 1606 par Henri IV. La collection artistique continua à s'enrichir avec le cardinal de Richelieu, et les travaux d'agrandissement se poursuivirent sous Louis XIII et Louis XIV. Cependant, Paris finit par perdre son statut de résidence royale. En 1678, la cour fut déplacée à Versailles. Le Louvre n'était plus le centre de la vie politique.

Seuls les membres de la cour profitaient de la considérable collection d'œuvres d'art et autres objets précieux, dont le nombre s'élevait à environ deux mille cinq cents à la mort de Louis XIV. En 1750, quelques pièces furent exposées au palais du Luxembourg, mais il fallut attendre les bouleversements révolutionnaires pour que le Louvre entre dans une nouvelle phase de sa longue existence.

En 1793, le palais devint un musée public et la Grande Galerie fut ouverte au public, qui put découvrir la collection d'art. Pour sa part, Napoléon Bonaparte l'alimenta grâce à ses campagnes européennes, bien que de nombreuses œuvres aient été restituées à leurs propriétaires après Waterloo. L'un de ses successeurs, Napoléon III, dont le règne vit de nombreux bouleversements de l'architecture parisienne, appliqua aussi sa marque sur le palais en faisant construire la galerie Richelieu entre 1852 et 1857.

Aujourd'hui, le musée abrite des tableaux de Léonard de Vinci, de Rembrandt, du Titien, de Rubens, aussi bien que des sculptures comme la *Vénus de Milo*. Une collection d'antiquités grecques et romaines et un département égyptien ont été créées en 1826, sous la direction de Jean-François Champollion, dans la même décennie qui a vu le décodage des hiéroglyphes. À la mort de l'égyptologue, en 1832, le département comptait neuf mille objets et le fonds continua à s'enrichir par des acquisitions ou des legs.

Au vingtième siècle, le président Mitterrand s'engagea dans un ambitieux projet d'agrandissement du musée, destiné à créer des équipements modernes et à mettre en valeur l'espace public. La phase I du Grand Louvre, achevée en 1989, inclut l'entrée par la célèbre pyramide de verre et un espace souterrain pour des équipements destinés au public. En 1993, la phase II entraîna le déménagement du ministère des Finances installé dans l'aile Richelieu, qui fut dès lors transformée en espace d'exposition. On créa par la même occasion le Carrousel du Louvre, un complexe souterrain de boutiques et de services illuminé par la pyramide inversée ; cette structure de verre laisse passer la lumière comme un vasistas géant. C'est la structure qui figure dans le dénouement du *Da Vinci Code*. Pour le deux-centième anniversaire de son statut de musée public, le Louvre apparaît comme une structure moderne, conçue pour exposer ses merveilleuses collections, estimées à plus de trois cents mille pièces.

Voir aussi : Léonard de Vinci ; Pyramide inversée ; Jacques Saunière.

Manuel Aringarosa

Aringarosa, l'un des protagonistes principaux du *Da Vinci Code*, est l'évêque de l'Opus Dei déterminé à empêcher que soit révélée la véritable nature du Graal. Au premier regard, beaucoup voient dans ce nom une référence à un poème du dix-septième siècle dont le thème est la Peste noire en Angleterre — *Ring'a Ring'a Rosies*. En fait, le nom est composé à partir de deux mots italiens : *aringa*, qui signifie « hareng », et *rosa* pour « rose ou rouge », soit « hareng rouge ». Bien qu'il apparaisse comme une figure du pouvoir pendant le récit, nous découvrons qu'il s'est trompé en pensant que la découverte du Graal allait aider l'Opus Dei. Il est horrifié d'apprendre la suite de meurtres commis au cours de la quête.

Voir aussi : Opus Dei.

Marie-Madeleine

Mêlée au thème central de la nature du Saint-Graal, la figure de Marie-Madeleine est d'une importance capitale pour l'intrigue du *Da Vinci Code*. Brown a pris ses sources dans *L'Énigme sacrée*, dont il est question dans un autre chapitre. Selon la théorie développée dans cet ouvrage, Marie-Madeleine était l'épouse du Christ et portait sa progéniture : plus précisément, une fille nommée Sarah, qui a perpétué une branche de la lignée de David. La dynastie, qui sera celle des rois mérovingiens de France, a fini par devenir clandestine, sous la protection d'une société secrète connue sous le nom de Prieuré de Sion.

Dans les faits, comment apparaît la Marie-Madeleine du Nouveau Testament ?

L'appellation « Madeleine » semble liée au fait que Marie venait de la ville de Magdala. Ses apparitions dans le Nouveau Testament sont d'une rareté surprenante, et on peut les classer en quatre catégories distinctes : dans l'entourage du Christ pendant ses déplacements, pendant la Crucifixion, pendant l'ensevelissement et comme témoin de la Résurrection.

Une chose est néanmoins certaine : la vieille croyance qui représentait Marie-Madeleine en prostituée repentante est fausse. L'idée que Marie puisse être une prostituée semble issue d'un malentendu. Au sixième siècle, une proclamation du pape Grégoire Ier la désigna comme une pécheresse. Mais selon toute vraisemblance il faisait un amalgame entre trois femmes différentes, et interprétait mal Luc (VII et VIII). Bien sûr, l'Église n'a pas vraiment aidé à dissiper ce malentendu. Elle a attendu 1969 pour publier un discret démenti et indiquer que Marie-Madeleine n'était pas une femme perdue.

D'après les Évangiles, elle remplissait un rôle semblable à celui des disciples. Elle est avec Jésus à trois des moments clés de son parcours : elle assiste à sa crucifixion, elle aide à son enterrement et elle est la première personne à rencontrer le Christ ressuscité. Ces faits en eux-mêmes lui confèrent une importance certaine dans le domaine symbolique et peuvent expliquer l'animosité de Pierre envers elle, comme nous le verrons plus tard.

Existe-t-il une preuve de l'existence d'une relation intime entre Marie de Magdala et Jésus ? Le Nouveau Testament ne nous éclaire guère en ce domaine. Une lecture littérale des Évangiles ne nous fournit pas plus d'indices, et ce silence a quelque chose d'assourdissant. Une fois ce fait remarqué, il convient de se souvenir d'une chose : le Nouveau Testament que nous connaissons est passé par de nombreuses étapes d'écriture, ajouts ou retraits, sans oublier les multiples traductions. Alors qu'en est-il des sources non officielles ?

Dans son commentaire du Cantique des cantiques, Hippolyte mentionne apparemment Marie, mais d'une manière fort détournée :

> Et pour qu'ils ne doutent pas qu'elles étaient [bien] envoyées par les anges, le Christ alla à la rencontre des apôtres, afin que les femmes fussent ses apôtres et que le péché de l'ancienne Ève fût réparé par l'obéissance.

Il rapporte ensuite ce qu'a dit le Christ en se montrant aux apôtres : « C'est moi qui suis apparu à ces femmes, et ai voulu vous les envoyer, à vous les apôtres »

L'Évangile de Philippe (LXIII, 33-6), l'un des évangiles gnostiques qui figuraient dans le trésor de Nag Hammadi, découvert en Égypte, utilise un langage plus obscur pour décrire une éventuelle relation intime entre Jésus et Marie-Madeleine. Dans ce texte, il est dit que Jésus « l'aimait plus que tous les disciples » et qu'il avait l'habitude de « l'embrasser souvent sur la bouche », les disciples hommes se montrant particulièrement offensés par ce comportement. Malgré l'absence d'indice indiquant l'existence d'un véritable mariage ou d'une cohabitation, le mot utilisé pour décrire Marie, « *koinonos* », a été défini par Susan Haskins comme un équivalent de « partenaire » ou « épouse » (dans son ouvrage de 1993, *Marie-Madeleine : Myth and Metaphor*).

L'un des textes de Nag Hammadi est connu sous le nom d'Évangile de Marie-Madeleine. Nous y trouvons une référence au fait qu'elle a été choisie pour recevoir une révélation, au grand dépit des apôtres. André doute de la réalité de l'apparition du Christ devant Marie-Madeleine (XVII, 10-18) et Pierre demande « A-t-Il vraiment parlé à une femme en dehors de nous et en secret ? » Il continue ainsi : « La préfère-t-Il à nous ? » Plus loin dans le texte, Levi le réprimande en disant : « Mais si le Sauveur l'en juge digne, qui es-tu pour la rejeter ? Le Seigneur la connaît sans doute très bien. C'est pour cela qu'Il l'aime plus que nous. »

Ces textes montrent que le rôle des femmes ayant suivi Jésus est peut-être plus important que ce nous avons été amenés à croire, mais n'éclairent pas pour autant la question centrale, à savoir si Marie et Jésus étaient mari et femme. En revanche, ils nous livrent des indices susceptibles d'inspirer toutes sortes d'hypothèses. Nous devons nous garder d'oublier que tous les textes cités ci-dessus ne sont que quelques-uns des centaines de documents se rapportant à cette période.

L'une des théories les plus propres à éveiller la réflexion est développée par les auteurs de *L'Énigme sacrée*. D'après eux, les noces de Cana relateraient en réalité le mariage de Jésus. Cette hypothèse ne manque pas de vraisemblance et pourrait bien constituer un argument majeur dans ce débat. Surtout lorsqu'on y ajoute le fait que Jésus, comme tous les Juifs de son âge et de son époque, aurait dû avoir une épouse.

Ce qui nous conduit aux résultats suivants :

• Le personnage de Marie-Madeleine dans le Nouveau Testament pourrait avoir entretenu une relation plus intime qu'on ne le pensait avec le Christ.

• Marie était avec Jésus à des moments clés de l'histoire, notamment la mort, la mise au tombeau et la Résurrection.

• Dans les Évangiles, rien ne corrobore l'idée d'un mariage entre Jésus et Marie-Madeleine.

• Même les Évangiles trouvés en 1945 à Nag Hammadi ne sont pas plus explicites, hormis une référence chez Philippe à une éventuelle épouse.

Qu'arriva-t-il à Marie après la mort du Christ ? Selon la tradition catholique, Marie-Madeleine mourut à Éphèse, où elle vivait avec Marie, la mère de Jésus, et Jean, l'auteur du quatrième Évangile. Cette tradition est cependant contredite par une légende du sixième siècle mentionnée par Grégoire de Tours, qui cite un document encore plus ancien, relatant l'histoire du voyage de Marie-Madeleine à Aix-en-Provence. Ce récit semble être le catalyseur des théories du Sang Réal (Sang royal ou lignée royale du Christ) que nous retrouvons actuellement. Dans les cercles gnostiques, Marie-Madeleine est aussi connue comme la « bien-aimée », ce qui la relie de nouveau à une union avec Jésus. Pour une plus ample information, la lecture de *The Woman with the Alabaster Jar,* de Margaret Starbid, est recommandée. Le même auteur affirme dans un ouvrage de 1993 intitulé *The Godess in the*

Gospels : Reclaiming the Sacred Feminine (« La Déesse des Évangiles : la reconquête du Féminin sacré »), que, si l'on applique le code de la *gematria,* ou symbolisme numérique, au nom de Marie-Madeleine, le résultat, 153, fait de Marie dans ce contexte la « déesse ». Margaret Starbid estime également que Marie a longuement séjourné à Alexandrie, cité cosmopolite où la gnose est florissante. Une fois de plus, cela pourrait expliquer la plupart des mythes et des légendes qui entourent ce personnage, comme en témoignent les multiples sanctuaires dédiés à Marie-Madeleine dans le bassin méditerranéen dès les premiers siècles après Jésus-Christ.

Si l'existence théorique d'une lignée issue du Christ n'est pas nouvelle, l'idée qu'elle ait été perpétuée par l'intermédiaire de Marie-Madeleine est en revanche très moderne. De nos jours, un tourbillon d'idées et de théories se développe autour de la figure de Marie-Madeleine, considérée comme une incarnation du Féminin sacré, représentant d'une certaine manière l'esprit de la Déesse-Mère. C'est une approche différente de la théorie de la Sainte Lignée, dans la mesure où elle repose davantage sur une métaphore et un symbolisme que sur une réalité physique. Il semblerait logique que Marie-Madeleine tienne l'un des deux rôles, soit épouse de Jésus, soit personnification du Féminin sacré.

L'histoire de Marie-Madeleine est mêlée de mythes, de légendes et de symboles. Elle en est arrivée à représenter l'esprit même de l'ancienne déesse, dont le culte s'étendait du Moyen-Orient à l'Europe des milliers d'années plus tôt. La réalité de son mariage avec Jésus ou le fait qu'elle ait porté son enfant ne peuvent pas être prouvés dans l'état actuel de nos connaissances historiques. Ces récits, encore voilés par les mythes, sont destinés à se clarifier à mesure que nous avançons dans le temps. La disparition de deux mille ans de répression du Féminin sacré y veillera.

Voir aussi : Gnostiques ; Culte de la déesse ; Énigme sacrée.

Mérovingiens

Dans le *Da Vinci Code*, Sophie Neveu découvre le lien existant entre sa famille et une organisation, le Prieuré de Sion, qui croit en une descendance de Jésus et de Marie-Madeleine. On lui explique que cette lignée est passée par les rois mérovingiens, et cela lui rappelle une histoire apprise à l'école, celle du roi Dagobert poignardé dans l'œil.

De 447 à 750, les Mérovingiens sont les souverains d'un royaume qui s'étend de part et d'autre du Rhin, sur une partie des territoires de la France et de l'Allemagne modernes. La dynastie tire son nom de Merovech (latinisé en Meroveus), un chef des Francs — l'une des tribus germaines entrées dans les limites de l'Empire romain et qui commençaient à y établir leurs lois.

En 481, Clovis monta sur le trône des Mérovingiens et devint le premier roi de la lignée. Il étendit son royaume en battant le dernier représentant de l'Empire romain, qui se trouvait dans le nord de la Gaule, et put ainsi conquérir la plus grande partie des terres au nord de la Loire. Il vainquit également les Wisigoths et ajouta la majorité de l'Aquitaine à ses possessions. Il épousa une princesse burgonde nommée Clotilde, catholique romaine, et se convertit à la religion de son épouse, sans doute sous son influence et sous celle de son confesseur, saint Rémy. Il est intéressant de noter que, dans le *Da Vinci Code*, le valet de Leigh Teabing s'appelle Rémy.

La conversion de Clovis au catholicisme représente une étape majeure, car les croyances des Francs, ainsi que d'autres tribus comme les Goths ou les Wisigoths, se rattachaient à l'arianisme. D'après cette doctrine initiée par Arius, un prêtre qui vécut à Alexandrie au quatrième siècle, Jésus était le Fils de Dieu, mais Jésus et Dieu étaient deux entités différentes. Puisque Jésus avait été créé, au lieu d'être co-éternel avec le Père et le Saint-Esprit, les tenants de l'arianisme niaient l'existence de la Sainte Trinité. Considéré comme une hérésie, l'arianisme a été condamné au concile de Nicée, et l'empereur romain Constantin a tenté de faire détruire tous ses documents.

Clovis est aussi célèbre pour avoir fait de Paris la capitale de son royaume, ce qui lui assura une place dans l'histoire de France. Après sa mort, le royaume fut divisé entre ses quatre fils et pendant, les cent cinquante années suivantes, la dynastie mérovingienne régna soit par l'intermédiaire du pouvoir central, soit par celui de branches mineures dans différents centres régionaux. Durant cette période, les souverains en vinrent à se reposer de plus en plus sur des fonctionnaires, les « maires du palais » pour gouverner le royaume.

Dagobert II accéda au trône en 676, et cet infortuné monarque, croit-on, a été poignardé dans l'œil sur l'ordre de son maire du palais Pépin de Herstal. De son second mariage avec une princesse wisigothe, Dagobert avait eu un fils, Sigisbert, qui, selon les auteurs de *L'Énigme sacrée*, se serait échappé, prolongeant ainsi la Sainte Lignée.

Le dernier des souverains mérovingiens fut déposé en 751 et envoyé dans un monastère après qu'on lui eut coupé ses longs cheveux. Les rois mérovingiens étaient connus de leurs contemporains sous le nom de « rois à la longue chevelure », mais la signification de cette particularité n'a pas encore été élucidée.

Voir aussi : Constantin le Grand ; Concile de Nicée ; Énigme sacrée.

133

Mithra

Pour comprendre la controverse qui entoure le concile de Nicée et les origines de l'Église chrétienne moderne, Sophie Neveu reçoit des informations à propos du dieu antique Mithra.

Vers le sixième siècle avant J.-C., l'ancien dieu de Perse et d'Inde, connu sous le nom de Mitra, figurait parmi les dieux mineurs dans le système zoroastrien. Il fallut attendre l'avènement de la dynastie perse des Achéménides pour voir son culte prendre de l'importance. Au cinquième siècle avant J.-C., il apparaît comme le dieu principal des Perses, un dieu de lumière et de sagesse, très étroitement lié au soleil.

Le culte de Mithra se répandit à travers le Moyen-Orient et le sud de l'Europe, pour devenir une religion majeure, l'une des plus pratiquées dans l'Empire romain. Au deuxième siècle de notre ère, le culte mithriaque est bien plus important que la jeune secte chrétienne. Mithra était le dieu par excellence des légions romaines ; il importait aux yeux de ses disciples d'être bon camarade et bon combattant. L'aspect fondamental de ce culte, la lutte dualiste entre la lumière et l'obscurité, le bien et le mal, ne faisait que renforcer cet attachement.

L'une des légendes centrales de l'histoire de Mithra est la manière dont il capture puis sacrifie un taureau sacré : de son cadavre, jaillissent toutes les richesses de la nature. Le culte ressemblait en de nombreux points aux rites mystérieux qui apparaissaient dans ces années du christianisme balbutiant, avec des baptêmes et des formes sacramentelles similaires. Par exemple, la fête de la naissance de Mithra était célébrée le 25 décembre.

Voir aussi : Concile de Nicée.

Monument de Newton

Achevé en 1731, le monument érigé à l'abbaye de Westminster en mémoire du grand scientifique sir Isaac Newton a été conçu par William Kent et la sculpture exécutée par Michael Rysbrack. Robert et Sophie résolvent une énigme pour trouver ce lieu, où ils pensent découvrir un nouvel indice ; cependant, Teabing les a pris de vitesse et précédés sur le site.

Le gisant de Newton se trouve sur le sarcophage, et ses coudes sont posés sur quelques-uns de ses plus fameux travaux : *Divinity, Chronology, Opticks* et *Philo. Prin. Math,* ce dernier ouvrage étant le chef-d'œuvre *Philosophiae Naturalis Principia Mathematica* (ou *Principia*). Deux angelots tiennent un rouleau couvert de symboles mathématiques, avec à l'arrière-plan une pyramide et un globe céleste où sont inscrits les signes du Zodiaque. Sur le sarcophage, un panneau dépeint les instruments de travail de Newton, y compris un télescope et un prisme.

L'inscription rédigée en latin a la signification suivante :

Ici gît Isaac Newton, chevalier d'Or, qui par la pénétration de sa pensée quasi divine, et en s'appuyant sur des principes mathématiques découverts par lui-même, démontra le premier les déplacements et les configurations des planètes, les trajectoires des comètes, les mouvements des océans, les différences de rayonnement de la lumière et, de là, les propriétés des couleurs qu'aucun scientifique n'avait imaginées jusqu'alors. Interprète appliqué et sûr de la Nature, de l'Antiquité et des Saintes Écritures, il affirmé par sa philosophie la majesté de Dieu et donné l'exemple par sa conduite de la simplicité évangélique. Les mortels applaudissent l'apparition d'une si grande, d'une si admirable gloire du genre humain. Il est né le 25 décembre 1642 et mort le 20 mars 1726.

Voir aussi : Isaac Newton.

Nombre d'Or

Au moment où Sophie Neveu et Robert Langdon quittent le Louvre, ils discutent de la signification du message griffonné près du corps de Saunière. Ayant remarqué que les nombres qui y figurent appartiennent à la séquence de Fibonacci, ils engagent la discussion de sa relation avec le Nombre d'Or. On rencontrera la même séquence quand il s'agira de découvrir la combinaison nécessaire à l'ouverture du coffre à la Banque de dépôts de Zurich. Le Nombre d'Or est un sujet sur lequel Langdon a donné des conférences pour les étudiants de Harvard, où il travaille.

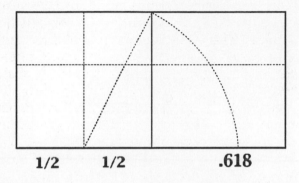

1/2   1/2   .618

Désigné par la lettre grecque *phi* (ϕ), le Nombre d'Or est un nombre irrationnel (nombre qui ne peut être exprimé par le rapport ou une fraction de deux nombres entiers), possédant plusieurs propriétés remarquables. Nous pouvons le définir comme un nombre égal à son propre inverse plus un : $\phi = 1/\phi + 1$, et dont la valeur est communément exprimée par le nombre 1,618033969. En 1996, ses chiffres ont été calculés jusqu'au dix millionième rang, et ils ne se répètent jamais. La suite de Fibonacci est en relation avec le Nombre d'Or dans le sens où la division de deux nombres consécutifs de la séquence aura toujours pour résultat une approximation de *phi*.

Connu également sous les noms de Divine Proportion, Juste Milieu, ou Section dorée, ce rapport se retrouve avec une étonnante fréquence aussi bien dans les structures naturelles que dans l'art ou l'architecture humaines. Quand le rapport entre la longueur et la largeur équivaut approximativement à 1,618, la proportion est censée être agréable à l'œil. Les singulières caractéristiques de *phi* en font un nombre auquel furent attribuées des propriétés divines et des significations infinies. Les Grecs anciens, par exemple, croyaient que le fait de comprendre la nature de *phi* pouvait aider à se rapprocher de la divinité : le divin était « dans » le nombre.

Il est exact que l'harmonie peut être exprimée par l'intermédiaire des nombres, que ce soit dans le domaine pictural ou architectural, celui de la musique, ou bien sûr dans la nature. L'harmonie du Nombre d'Or ou la Divine Proportion apparaît naturellement dans maints endroits. Dans le corps humain, les ventricules du cœur inversent leur mouvement à un moment du cycle rythmique qui correspond au Nombre d'Or. Le visage humain intègre le même rapport dans ses proportions. Si l'on divise la longueur d'une spirale d'ADN, ou la coquille d'un mollusque, par leur diamètre, on obtient le Nombre d'Or.

En observant la manière dont les feuilles poussent sur la tige d'une plante, on peut remarquer que chaque feuille se développe selon un angle différent de celle qui se trouve en dessous. L'angle le plus fréquemment relevé entre des feuilles successives est proche du Nombre d'Or.

En art et en architecture, les célèbres propriétés d'harmonie de la Divine Proportion ont été largement utilisées, et avec succès. Les dimensions de la Chambre royale de la Grande Pyramide en Égypte sont fondées sur le Nombre d'Or ; l'architecte Le Corbusier a conçu son système Modulor en s'appuyant sur *phi* ; le peintre Mondrian en a fait la base essentielle de son travail ; Vinci l'a utilisé pour réaliser de nombreuses œuvres, et Claude Debussy en a appliqué les propriétés à sa musique. Le Nombre d'Or apparaît aussi dans des endroits inattendus : la majeure partie des téléviseurs à grand écran, cartes postales, cartes de crédits ou photographies sont conformes à ses proportions. Et selon de nombreuses études, les visages des top model se conforment plus souvent aux proportions du Nombre d'Or que ceux du reste de la population. Ce serait l'une des raisons pour lesquelles leurs visages nous semblent harmonieux.

Luca Pacioli, un ami de Léonard de Vinci, rencontré durant son séjour à la cour de Ludovic Sforza, duc de Milan, écrivit un traité majeur sur la Section dorée, intitulé *Divina Proportione*. Dans cet ouvrage, Pacioli tente d'expliquer le sens de la Divine Proportion d'une manière logique et scientifique, tout en voyant dans son aspect insaisissable le mystère de Dieu. Ce traité et d'autres travaux de Pacioli auraient beaucoup influencé Vinci. Tous deux étaient unis par une profonde amitié, ils auraient même étudié ensemble des problèmes mathématiques. L'usage du Nombre d'Or est manifeste dans de multiples œuvres de Vinci, qui montra longtemps un vif intérêt pour les mathématiques appliquées à l'art et à la nature.

Comme le brillant Pythagore avant lui, Vinci s'est livré à une étude exhaustive de la silhouette humaine, en montrant comment toutes ses parties majeures étaient reliées par le Nombre d'Or. Sa grande toile inachevée, *Saint Jérôme*, qui représente le saint avec un lion à ses pieds, aurait été conçue pour que la silhouette centrale s'insère exactement dans un Rectangle d'Or. Avec l'amour de Léonard de Vinci pour les « recréations géométriques », cela semble être une supposition raisonnable. Par ailleurs, le visage de *La Joconde* s'encadre dans un Rectangle d'Or presque parfait.

Après Vinci, des artistes comme Raphaël et Michel-Ange ont fait un grand usage du Nombre d'Or pour composer leurs œuvres. Le *David* de Michel-Ange se conforme aux proportions du Nombre d'Or, de l'emplacement du nombril par rapport à la taille jusqu'au placement des phalanges des doigts.

Les bâtisseurs des églises médiévales et des cathédrales d'Europe ont aussi érigé ces structures en se conformant au Nombre d'Or. De ce point de vue, Dieu est réellement dans les nombres.

Voir aussi : Suite de Fibonacci ; Rectangle d'Or.

Opus Dei

Deux des personnages du *Da Vinci Code*, Manuel Aringarosa et Silas, appartiennent à l'Opus Dei.

Fondée en Espagne le 2 octobre 1928 par José Maria Escriva de Balaguer, de cette organisation catholique a pour but de « diffuser le message de l'appel universel à la sainteté de tous les baptisés, dans l'accomplissement de leur travail et de leurs obligations personnelles » (citation tirée de l'*Encyclopédie des associations*).

Composé de laïcs et de prêtres, l'Opus Dei s'est souvent retrouvé au cœur de la polémique au cours de son existence. Ses laïcs travaillent dans le monde séculier mais restent toujours soumis à une direction particulièrement stricte, suivant ce qu'il appellent le « plan de vie » : des pratiques spirituelles quotidiennes, des lectures, des prières, mais aussi des coutumes plus spécifiques à l'Opus Dei qui vont parfois jusqu'à la mortification corporelle.

L'Opus Dei est une expression latine qui signifie l'« Œuvre de Dieu » ou le « Travail pour Dieu ». L'organisation revendique quatre-vingt mille membres dans près de soixante pays. Le siège se trouve à Rome, et en 1982 le pape Jean-Paul II accorda une prélature personnelle à l'ordre,

l'élevant ainsi à un haut statut, avec le soutien manifeste du pontife. Son fondateur, José Maria Escriva a été canonisé le 6 octobre 2002 par le même pape. Escriva a rédigé un ouvrage intitulé *Le Chemin*, dans lequel il déclare : « Bénie soit la douleur. Aimée soit la douleur. Sanctifiée soit la douleur... Glorifiée soit la douleur ! » De telles déclarations renforcent l'idée que de sévères mortifications corporelles sont monnaie courante à l'intérieur de l'ordre. Selon la rumeur, Escriva avait coutume de se fouetter si violemment le dos que les murs de sa chambre étaient constellés de gouttes de sang.

Le catholicisme tel qu'il est pratiqué par les membres de l'Opus Dei, quoiqu'il ne diverge pas de la ligne générale par sa doctrine, est issu d'une lecture bien plus stricte des Écritures en relation avec la manière dont certains des membres mènent leur existence.

Les différentes sortes de membres qui constituent l'Opus Dei présentent des caractéristiques bien distinctes.

Numéraires : Ce sont les membres qui habitent généralement dans les locaux de l'Opus Dei et mènent une vie de chasteté. Les sexes sont strictement séparés et les membres remettent tout ou partie de leur salaire à l'organisation. Ils s'infligeraient également des mortifications physiques. Dans le roman, Silas est un numéraire de l'Opus Dei.

Surnuméraires : Ces numéraires mineurs font généralement partie de la communauté au sens large du terme ; certains sont mariés et ont des enfants, mais tous suivent le « plan de vie » déterminé pour les numéraires. Une grande partie de leurs revenus est également versée à l'ordre.

Prêtres numéraires : Ce sont généralement des membres laïcs de l'ordre, choisis par la hiérarchie pour être ordonnés prêtres. Beaucoup de ces prêtres numéraires occupent de hautes fonctions dans l'appareil de l'ordre, voire au Vatican.

Membres associés : Parmi les membres associés, nombreux sont ceux qui ont fait vœu de chasteté, mais ils ne résident pas dans les installations de l'ordre.

Assistants numéraires : Ce sont généralement des femmes qui sont chargées de l'entretien, de la nourriture et du nettoyage des installations de l'Opus Dei. La plupart sont célibataires.

Coopérateurs : Bien qu'ils ne soient pas considérés comme des membres, les coopérateurs soutiennent la cause de l'Opus Dei, financièrement ou par tout autre moyen. Ce sont les seuls qui ne soient pas obligés d'être baptisés dans la foi catholique.

Comme il est indiqué dans le *Da Vinci Code*, l'Opus Dei possède un siège flambant neuf à New York, au 243, Lexington Avenue. Le bâtiment de dix-sept étages ne comporte aucun signe distinctif quant à l'identité de ses occupants. À l'intérieur, on trouve deux chapelles, une bibliothèque, des salles de conférence, des quartiers d'habitation et des salles à manger. L'annuaire du Vatican recense quelque trois mille membres aux États-Unis, et environ soixante résidences de l'ordre disséminées sur l'ensemble du territoire. L'extrême opulence de l'Opus Dei a également attiré l'attention sur l'organisation. Beaucoup de familles et de personnes fortunées sont des coopérateurs de l'Opus Dei, ce qui signifie qu'elles versent des sommes importantes à l'ordre. Une appréciable proportion de ces donateurs n'appartient pas à la confession catholique, mais estime que l'organisation est à même de protéger l'Église et de renforcer les défenses du christianisme contre tout ce qui est susceptible de l'attaquer.

Voir aussi : Manuel Aringarosa ; Cilice ; Silas.

Osiris

Sophie Neveu reçoit des informations inattendues sur Osiris au moment où Leigh Teabing et Robert Langdon lui expliquent que bien des croyances chrétiennes sont en réalité issues du culte osirien, nettement plus ancien. Ces éléments font partie de la vision alternative de l'histoire chrétienne qui sous-tend toute l'intrigue du roman.

Dans l'ancienne Égypte, Osiris est le dieu du monde souterrain (*duat*) ; il est lié à la mort, à la fertilité, et à la résurrection. Son nom, représenté par un hiéroglyphe réunissant un trône et un œil, se traduit par *wrs*, signifiant le « Puissant ». D'autres épithètes désignent Osiris : Venefer (« Éternellement Bon »), Khentimentiou (« Seigneur du pays de l'Ouest », c'est-à-dire le pays des Morts, soulignant le rôle funéraire d'Osiris). Son association avec la constellation Orion et la transformation du roi décédé en dieu stellaire font de lui « celui qui demeure dans Orion pendant une saison au ciel et passe une saison sur terre ».

Dans le domaine graphique, Osiris est montré comme une momie debout ou assise. Ses mains sortent des bandelettes pour tenir la crosse et le fléau, emblèmes de la royauté. Sur sa tête non bandée, il porte la couronne *atef*, une haute coiffe conique blanche avec une plume de chaque côté. Des cornes de bélier ornent parfois le devant de la couronne.

Comme c'est le cas pour la plupart des dieux égyptiens, les origines d'Osiris sont vagues, mais il semblerait qu'il soit l'une des divinités les plus anciennes, dieu de la Fertilité associé au grain et à la récolte. À mesure que son culte se développe et s'étend à travers l'Égypte, Osiris l'« Ancien » prend graduellement les attributs des dieux locaux qu'il remplace. Ainsi reçoit-il les insignes de la royauté d'Andjety de Busaris, et quelques-uns des attributs de Khentimentiou, de l'ancien dieu-chacal Abydos, et aussi ceux de Sokaris. Il devient du même coup le dieu protecteur des activités funéraires.

Les Textes de la pyramide, le plus ancien corpus de littérature égyptienne religieuse, funéraire et magique, datant de la quatrième et de la cinquième dynasties (de 2492 à 2181 avant J.-C.), indiquent qu'Osiris serait né des dieux Geb et Nout, à Rosette, dans le delta du Nil. Il était le frère d'Isis, de Seth, Nephtys et Thot. À partir de l'Ancien Royaume (de 2686 à 2181 avant J.-C.), Osiris est étroitement lié au pharaon, dans le sens où, à sa mort, le souverain devient Osiris, roi du monde souterrain.

La mythologie d'Osiris repose sur sa mort injuste, des mains de son frère Seth, la découverte de son cadavre par sa sœur Isis et la manière dont il fut ressuscité grâce aux pouvoirs de magicienne de la déesse, qu'il put ainsi féconder. Des mythes antérieurs indiquent que Thot et Horus, respectivement frère et fils d'Osiris, auraient momifié son corps, le transformant ainsi en dieu du royaume des Morts.

Durant les périodes ultérieures, le mythe entourant la mort d'Osiris fut enrichi. Il impliquait dorénavant le démembrement du cadavre par Seth, qui jeta les morceaux dans le Nil. Isis parcourut le pays pour retrouver toutes les parties du corps (entre quatorze et quarante-deux, selon les textes) et les assembla sous la forme d'une momie. Il ne lui manquait que le phallus, avalé par une carpe du Nil. Elle fabriqua donc un pénis artificiel et à l'aide de sorts magiques réussit à concevoir un enfant. À chaque endroit où fut découverte une partie du corps d'Osiris, un temple fut construit en son honneur. Citons Sebennytos, qui affirme avoir abrité deux morceaux de jambe. Heracléopolis se prévaut de la cuisse, la tête, deux flancs et deux jambes. Athribis prétend posséder le cœur, Abydos la tête, Edfou une jambe et l'île de Biga assure que la jambe gauche s'est échouée sur ses rivages. Le pénis était censé avoir été mangé par une carpe, et les *Textes de la pyramide* représentent le poisson en mutilant le signe. On peut aussi peindre un poisson coupé en deux, ou sans queue, auquel il manque une nageoire ou la tête ; les Égyptiens croyaient à une existence propre de chaque représentation ou hiéroglyphe ; ainsi un animal ou un objet potentiellement dangereux pouvait faire du mal au mort.

Chaque année, Abydos fête Osiris par une représentation de la légende du dieu et une célébration de ses « mystères ». Il est annoncé par le dieu-chien Oupouaout, suivi par une procession transportant l'autel d'Osiris à bord d'une embarcation qui doit l'emmener vers sa tombe symbolique. Une bataille feinte oppose les troupes du dieu à ses ennemis (à en croire Hérodote, ce combat rituel entraînait souvent des morts). Le bateau de cérémonie et l'autel sont ensuite rapportés au temple d'Abydos pour de nombreux rites de purification.

Du Moyen au Nouvel Empire (2055-1069), l'association exclusive d'Osiris avec le roi défunt va s'étendre pour inclure tous les « défunts bénis », et des prières pour les funérailles privées sont adressées au dieu grâce à la générosité du roi. Le royaume souterrain d'Osiris est seulement ouvert aux âmes qui méritent d'y entrer ; le dieu siège donc pour juger ceux qui viennent de mourir. Parfois, dans les *Textes des pyramides*, on se réfère à lui sous l'expression « Seigneur de Maat », Maat étant la déesse de la Vérité.

Le pilier *djed* est le symbole d'Osiris, et le *Livre des Morts* précise qu'il représente la colonne vertébrale du dieu, signe de stabilité. C'est une colonne qui comporte au moins trois barres transversales près du sommet. Bien qu'il soit associé avec Osiris, il est bien antérieur à l'apparition du dieu et représenterait une sorte de fléau à battre le grain.

Selon la légende, la divinité Osiris a connu la mort et la résurrection. Son fils est étroitement lié à son mythe fondateur. Ces éléments le rapprochent de l'histoire chrétienne. Enfin un tribunal présidé par Osiris attend le mort égyptien ; la pesée de ses actes décidera de son sort pour l'éternité.

Voir aussi : Isis ; Robert Langdon ; Sophie Neveu ; Leigh Teabing.

Pentagramme

Dans le *Da Vinci Code*, Jacques Saunière est trouvé mort au Louvre, allongé d'une manière qui reprend la position d'un personnage de Léonard de Vinci, *l'homme de Vitruve*, évoquant lui-même la forme d'un pentagramme.

Le pentagramme est une étoile à cinq branches. Aussi connu sous le nom de pentacle, le pentagramme en est arrivé à représenter la magie grise ou blanche aux yeux de nombreux chrétiens. On trouve déjà cette figure dans la Grèce antique, où elle servait de talisman ou de signe de géométrie sacrée. Le mot pentagramme vient du grec et signifie « cinq lignes », mais l'usage du symbole est encore antérieur. Le mot grec pourrait lui-même venir de la Mésopotamie, où le symbole, en usage à partir de 3000 avant J.-C., aurait signifié « étoile » ou « corps céleste ». En Égypte, le pentagramme à cinq pointes à l'intérieur du cercle représentait le *duat* ou monde souterrain.

Dans la tradition chrétienne, le pentagramme était autrefois utilisé pour représenter les cinq blessures ou stigmates du Christ. Pour les pythagoriciens, les cinq points représentent les cinq éléments classiques : le feu, la terre, l'air, l'eau, et l'idée ou chose divine. Les pythagoriciens voyaient aussi dans le pentagramme l'expression de la perfection mathématique et avaient compris entre autres choses que le pentagramme cachait dans ses lignes le Nombre d'Or : 1,618. Dans les cercles de magie noire ou dans le symbolisme satanique, le pentagramme est inversé, la pointe solitaire dirigée vers le bas. Dans cette présentation, il est censé représenter la tête de Baphomet, avec les deux pointes supérieures correspondant à une paire de cornes. Son utilisation comme symbole satanique semble plutôt moderne, sans qu'on lui connaisse d'usage précédent dans les temps anciens. Dans la tradition hébraïque, le pentagramme à cinq pointes est lié aux cinq livres du Pentateuque, les cinq premiers livres de l'Ancien Testament.

Pour certaines sources, le pentagramme est aussi connu comme l'Étoile ou le Sceau de Salomon. Il est utilisé dans les traditions et les rituels magiques arabes aussi bien que dans des rituels juifs. La première mention du pentagramme en langue anglaise figurerait dans la légende arthurienne de 1380, *Sir Gauvain et le Chevalier vert*, où le bouclier de Gauvain porte un pentagramme en guise de blason.

Voir aussi : Baphomet ; Nombre d'Or ; Homme de Vitruve.

Pierre Plantard

Pierre Plantard de Saint-Clair a été élu grand maître du Prieuré de Sion et porte-parole de l'ordre le 17 janvier 1981. Baigent, Leigh et Lincoln rassemblaient alors des informations pour écrire *L'Énigme sacrée*. Dans le *Da Vinci Code*, le lien entre Sophie Neveu, sa famille et le Prieuré de Sion devient de plus en plus visible à mesure que le roman se déroule. Elle découvre d'abord l'existence de Plantard puis apprend de la bouche de sa grand-mère, à la fin de sa quête, qu'elle appartient aux familles Plantard et Saint-Clair.

Dans les *Dossiers secrets*, les généalogies confirment les ambitions de Plantard, qui prétend être un descendant direct du roi mérovingien Dagobert II. Donc, quand Plantard laisse entendre que l'un des objectifs du Prieuré de Sion est de rétablir la dynastie mérovingienne sur le trône de France, il implique en réalité qu'il est lui-même leur héritier légitime. À en croire les sources traditionnelles historiques, Dagobert II a été assassiné en 679 sans héritier. Mais Plantard soutient que les dossiers du Prieuré certifient l'existence d'un fils de Dagobert, Sigisbert IV, issu d'un second mariage secret. La lignée sacrée des Mérovingiens aurait perduré ainsi à travers les siècles jusqu'à Plantard lui-même.

La plupart des informations aujourd'hui disponibles sur le Prieuré de Sion semblent avoir été contrôlées par Pierre Plantard sous une forme ou une autre : fuites organisées par le canal de diverses revues auto-éditées, généalogies alambiquées ou manuscrits cryptés déposés à la Bibliothèque nationale de Paris, ou encore par l'intermédiaire d'entretiens avec des interlocuteurs choisis. La littérature générée par le Prieuré, souvent caractérisée par l'usage de doubles sens ésotériques et d'un haut niveau de jeux sur les mots réservés aux initiés, a piqué la curiosité d'un grand nombre d'amateurs du Graal. En distillant ces informations, Plantard a peut-être voulu lancer l'idée qu'il était l'héritier légitime du trône de France, au lieu d'expliquer que le Prieuré de Sion était censé protéger le secret de la prétendue descendance du Christ (ce qu'il n'a jamais proclamé).

Bien qu'une multitude d'ouvrages aient été publiés en France sur le Prieuré de Sion, Plantard et l'ordre durent attendre la publication de *L'Énigme sacrée* en 1982 pour atteindre une renommée internationale. Il semble que ce succès ait fait naître un certain nombre de dissensions au sein de l'organisation, et aussi provoqué l'apparition d'un foisonnement d'ordres chevaliers se prétendant dépositaires de leurs propres documents secrets, archives familiales et généalogies complexes.

Confronté à une situation de plus en plus confuse, Pierre Plantard finit par se démettre de sa charge de grand maître du Prieuré de Sion le 11 juillet 1984. Il prétexta des ennuis de santé et des problèmes avec certains membres américains de l'ordre, désignés de manière énigmatique comme le « contingent américain », jamais identifié.

Plantard mourut le 3 février 2000. Son corps a été incinéré, mais l'endroit où il repose demeure inconnu.

Voir aussi : Dossiers secrets ; Mérovingiens ; Sophie Neveu ; Prieuré de Sion.

Prieuré de Sion

L'existence invisible du Prieuré de Sion, société secrète vieille de plusieurs siècles, sous-tend toute l'intrigue du *Da Vinci Code*. Le meurtre de Jacques Saunière, le grand-père de Sophie Neveu (dont la qualité de grand maître du Prieuré de Sion est révélée par la suite), lance Sophie et Robert dans une quête destinée à découvrir l'emplacement du grand secret du Prieuré de Sion, avant qu'il ne tombe entre les mains de l'Opus Dei, ennemi juré de l'ordre.

Selon l'histoire « officielle » du Prieuré de Sion, telle qu'on peut la lire dans ses archives appelés les *Dossiers secrets*, l'ordre de Sion fut fondé en Terre sainte par Godefroy de Bouillon en 1090. Après la conquête de Jérusalem par les croisés, Bouillon ordonna l'édification de l'abbaye de Notre-Dame du Mont-de-Sion, sur les ruines d'une ancienne église byzantine située en dehors des murs de la ville, au sud de la porte de Sion. Cette abbaye abritait des chanoines augustiniens, qui servaient de conseillers à Godefroy. Selon les documents du Prieuré, ces chanoines furent secrètement impliqués dans la création de l'ordre des chevaliers du Temple en 1118, organisation destinée à servir de bras administratif et militaire à l'ordre de Sion.

En 1152, un petit contingent de l'abbaye de Notre-Dame du Mont-de-Sion accompagna le roi Louis VII qui rentrait en France après la deuxième croisade et fut installé à l'abbaye de Saint-Samson, à Orléans. Parmi eux, un groupuscule encore plus choisi fut transféré au « petit prieuré du Mont-de-Sion », près de Saint-Jean-le-Blanc, aux environs d'Orléans. D'après les documents du Prieuré, ce fut le début de l'ordre secret qui sera connu plus tard comme le Prieuré de Sion.

Les chevaliers du Temple et le Prieuré de Sion fonctionnèrent en synergie jusqu'à ce qu'une querelle majeure dégénère en rupture officielle. La séparation fut consacrée à Gisors, en Normandie, durant l'année 1188. L'événement est connu sous le nom de Coupure de l'Orme. Les *Dossiers secrets* précisent que, par la suite, les relations ont été définitivement rompues entre les deux ordres. Les Templiers continuèrent à exister au grand jour, gagnant en importance, avec leurs propres grands maîtres, jusqu'à leur dissolution en 1307. À l'inverse, le Prieuré de Sion serait entré en clandestinité, adoptant le nom alternatif d'ordre de la Rose-Croix Veritas, avec pour nom codé Ormus, (Orme). Il est aussi suggéré qu'il s'agit de l'origine du mouvement ésotérique qui se manifesta ultérieurement dans l'histoire de l'Europe sous le nom de rosicrucisme.

Les grands maîtres du Prieuré de Sion clandestin portent traditionnellement le titre de « nautonier ». Le premier nautonier officiel du Prieuré de Sion était Jean de Gisors et servit de 1188 jusqu'à sa mort en 1220 sous le nom de Jean II. Dans un premier temps, les nautoniers du Prieuré de Sion semblaient appartenir à une lignée spécifique, mais plus tard la charge passe à des personnalités parmi les plus influentes dans le domaine des arts, de la science, de la créativité, de l'histoire européenne. Du moins si l'on en croit la liste datée de 1956, contenue dans les *Dossiers secrets*. De nombreux noms célèbres occupent cette position, dont ceux de Léonard de Vinci, Isaac Newton, Victor Hugo et Jean Cocteau, censé avoir officié de 1918 à 1963. Puis le titre échut à Pierre Plantard, qui servit de contact principal entre l'ordre et le public jusqu'à sa démission en 1984.

Pendant son mandat de nautonier, Plantard représenta la principale source d'information pour le best-seller international *L'Énigme sacrée*, en ayant des contacts directs avec les auteurs pendant la rédaction de l'ouvrage. Ce document retint très largement l'attention du public anglophone en 1982. Pour préparer leur travail, les auteurs Michael Baigent, Richard Leigh et Henry Lincoln ont passé des années à disséquer des généalogies, des textes cryptés et l'histoire de la société secrète qui leur était distillée au compte-gouttes par la publication stratégique de documents secrets et des entretiens contrôlés.

Le trio n'a jamais vraiment découvert l'objectif réel du Prieuré de Sion. Si la restauration d'une monarchie mérovingienne en France semblait faire partie des priorités de Plantard, on trouvait aussi la réalisation d'États-Unis d'Europe unifiés économiquement et politiquement. Cet objectif semble en cours de réalisation avec l'avènement de l'Union européenne et l'implantation de l'euro.

En l'absence de but clairement défini, Baigent, Leigh et Lincoln développèrent la théorie révolutionnaire selon laquelle la dynastie mérovingienne descendrait des enfants de Jésus et de Marie-Madeleine (qui aurait trouvé refuge en France après la Crucifixion) ; l'objectif du Prieuré de Sion était de monter la garde autour de cette précieuse descendance. En dépit du fait que Pierre Plantard lui-même n'a jamais confirmé ou démenti cette hypothèse, des douzaines d'ouvrages ont été publiés ces vingt dernières années en vue d'explorer la possibilité que la lignée de Jésus et de Marie-Madeleine se soit poursuivie, immergée dans les familles aristocratiques d'Europe.

Après la démission de Plantard en 1984, le Prieuré de Sion retrouva la clandestinité. Mais selon des rumeurs persistantes, il continuerait sous une multitude de déguisements. À leur tour, ces rumeurs ont inspiré de nombreux ordres chevaleresques fictifs parmi lesquels certains se prétendent l'« authentique » Prieuré de Sion.

Le 27 décembre 2002, un communiqué fut publié sur du papier à en-tête officiel, annonçant publiquement la réactivation de la société. Le message était signé de Gino Sandri, ancien secrétaire particulier de Pierre Plantard, sous le titre de secrétaire général, et d'une femme anonyme, censée être le nouveau nautonier. Cependant, de nombreux experts y virent un coup publicitaire.

Ainsi, même aujourd'hui, l'existence du Prieuré de Sion continue à être un mystère.

Voir aussi : Dossiers secrets ; Grands maîtres du Prieuré de Sion ; Pierre Plantard.

Pyramide inversée

« Une remarquable anti-structure... la technologie au service de la symbolique... une véritable sculpture. Elle est conçue comme un objet, mais c'est un objet destiné à transmettre la lumière. » Voilà quelques-uns des commentaires du jury du prix Benedictus, où la pyramide inversée faisait partie des finalistes. Créée et exécutée par la société Pei, Cobb, Freed et associés, les concepteurs de la grande pyramide de verre à l'entrée du Louvre, la pyramide inversée est un remarquable monument qui se situe entre la sortie des couloirs du métro et l'accès au Louvre.

Dans le *Da Vinci Code*, la petite pyramide située à la base de la pyramide inversée contient la réponse finale à l'énigme posée pendant tout le roman.

La pyramide inversée pèse trente tonnes. Treize mètres carrés d'acier et de verre forment une pyramide dont le sommet pointe vers le bas dans une salle souterraine. Elle est invisible à la surface, positionnée à l'intérieur du terre-plein gazonné qui sépare la rue du musée proprement dit. Le soir, la pyramide inversée, illuminée par les jeux de lumière d'une série de projecteurs et de miroirs, ressemble à un chandelier monumental.

Voir aussi : Louvre.

Rectangle d'Or

Plusieurs œuvres de Léonard de Vinci jouent un rôle important dans l'intrigue du *Da Vinci Code*, soit en tant qu'indices pour résoudre des énigmes (comme *La Joconde* ou *La Vierge aux rochers*), soit en tant qu'objets de démonstration pour illustrer des symboles susceptibles d'être contenus dans le tableau (comme *La Cène*). À l'instar de nombreux artistes de la Renaissance, Vinci s'est appuyé sur le Rectangle d'Or pour concevoir ses toiles.

Le Rectangle d'Or est une figure rectangulaire dont les côtés sont dans la proportion du Nombre d'Or : en d'autres termes, le plus long côté est 1,618 fois plus grand que le plus court. Le Nombre et le Rectangle d'Or sont considérés comme des formes plaisantes sur le plan esthétique, et se retrouvent dans de nombreux domaines de l'art et de la culture partout dans le monde. Un bon exemple en est le Parthénon d'Athènes. La façade du temple pourrait s'encadrer dans un Rectangle d'Or.

L'Homme de Vitruve est également une belle illustration de l'usage du Rectangle d'Or par Vinci : le dessin utilise un rectangle pour la tête, un pour le torse et un autre pour les jambes. Le visage de *La Joconde* s'insère dans un Rectangle d'Or, figure qui peut également s'appliquer à la composition de *La Cène*.

Voir aussi : Suite de Fibonacci ; Nombre d'Or ; La Cène ; La Vierge aux rochers ; La Joconde.

Robert Langdon

Personnage central du *Da Vinci Code*, Langdon figure aussi dans le précédent roman de Dan Brown, *Angels and Demons*. Robert Langdon est professeur de symbologie religieuse à l'université de Harvard et a publié une douzaine de livres. La « symbologie » semble être un amalgame de « symbolisme » et « cryptologie » ; l'université de Harvard ne possède pas un seul poste de symbologie religieuse. En revanche, la spécialité de Robert Langdon recoupe celles de deux véritables professeurs de Harvard : Nicholas P. Constas, qui travaille sur l'étude théologique des icônes et de l'iconographie, et Kimberley C. Patton, qui s'intéresse à l'étude de l'interprétation des rêves et à l'iconographie du sacrifice, mais aussi aux cultes funéraires.

Le Robert Langdon de fiction a un vrai site web : www.robertlangdon.com

Rose Ligne

Il s'agit du terme mystique pour désigner le méridien solaire, en opposition au « premier méridien », expression scientifique. « Rose Ligne » est aussi utilisé pour désigner la prétendue lignée sacrée descendant de Jésus et de Marie-Madeleine. Sophie Neveu apprend le terme de Teabing et de Langdon au château de Villette. Au cours du roman, les personnages visitent des lieux qui coïncident avec deux roses lignes, une en France et l'autre en Grande-Bretagne. À Paris, la ligne traverse le Louvre, puis se retrouve le long du gnomon dans l'église de Saint-Sulpice. Quand Robert Langdon et Sophie se rendent à Rosslyn Chapel, ils pensent se trouver sur une autre ligne ; le nom de la chapelle serait une abréviation de rose ligne.

Dans les codes du Prieuré de Sion, nous sommes conduits à imaginer la Terre comme un point central encerclé par les douze signes du Zodiaque, de la même manière que les maisons zodiacales encercleraient l'écliptique de la Terre dans l'espace. Une série d'instructions plus ou moins complexes ou codées suit, pour révéler qu'une ligne fixe dans l'axe nord-sud a été construite, appelée la Rose Ligne. Cette direction-étalon est utilisée à la fois comme un calendrier solaire et une carte de navigation.

Ce principe sous-tend l'existence du fameux méridien solaire, ou gnomon, de Saint-Sulpice, l'endroit où Silas est envoyé à la recherche de la clé de voûte. À Saint-Sulpice, un rayon de soleil passe par une lentille insérée dans la fenêtre du transept sud à midi juste, et il est possible de suivre le mouvement de la Terre autour du Soleil durant l'année en observant la progression du rayon le long d'une bande de cuivre ponctuée de plaques. La lumière traverse le sol de l'église et culmine au sommet d'un obélisque de marbre dans le transept nord au moment du solstice d'hiver.

La rose des vents a été développée pour faciliter la navigation, les branches principales de la rose marquant les quatre points cardinaux (nord, sud, est et ouest), et des branches plus petites pour les directions intermédiaires. Sur une rose des vents, la position du nord est traditionnellement représentée par le symbole de la fleur de lys, aussi utilisé comme symbole héraldique de la royauté. À l'époque médiévale, la direction du nord est aussi connue sous le nom de septentrion, d'après les sept étoiles de Ursa Major, ou la Grande Ourse, dont la position désigne l'étoile polaire. D'ailleurs, le symbolisme de l'ours est très présent à la

fois dans la mytho-
logie arthurienne et
dans celle du Graal.
Il prend la dimension
de gardien dans les
codes du Prieuré de
Sion, et l'un des noms
de l'étoile polaire,
Stella Maris, ou Étoile
de la mer, est attri-
bué à Notre-Dame.

Ce n'est donc peut-
être pas une coïn-
cidence si le chemin
de la Rose Ligne, qui
traverse la France, de
Dunkerque au nord,
via Amiens, Saint-
Sulpice à Paris, Bourges, Carcassonne, et se termine à
Barcelone en Espagne, est marqué par un étonnant
chapelet de cathédrales consacrées à Notre-Dame et
d'églises équipées de méridiens solaires.

Les mêmes notions apparaissent dans un poème
cryptique appartenant aux *Dossiers secrets* du Prieuré
de Sion, intitulé *Le Serpent rouge*, qui recèle d'énigmes
autour de la manière dont le méridien solaire a été
inclus dans la structure de l'église Saint-Sulpice.

À la fin du dix-septième siècle, l'invention d'instruments et de techniques scientifiques permit aux
astronomes de calculer un premier méridien plus
exact et les anciennes méthodes furent abandonnées.
En 1672, l'Observatoire de Paris fut édifié pour tirer

parti des progrès technologiques. On détermina l'emplacement du nouveau méridien zéro de Paris, ce qui rendit obsolète le gnomon solaire de Saint-Sulpice.

Finalement, en 1884, les autorités du monde entier votèrent pour déplacer le premier méridien de la terre à Greenwich en Angleterre. Mais la Rose Ligne continue à vivre dans les cœurs des collectionneurs de curiosités ésotériques.

Voir aussi : Gnomon de Saint-Sulpice ; Prieuré de Sion ; Saint-Sulpice.

Rosslyn Chapel

La dernière étape du voyage de Sophie Neveu est Rosslyn Chapel qui va lui permettre de découvrir la vérité sur sa famille. L'emplacement est suggéré par le dernier poème de Jacques Saunière : « Sous l'ancienne Roslin, le Saint-Graal nous attend. » Elle se rend en Écosse, en compagnie de Langdon, pour y faire une merveilleuse découverte.

Contrairement à une opinion répandue, Rosslyn Chapel n'a pas été édifiée par les chevaliers du Temple. Les Pauvres Chevaliers du Temple de Salomon n'ont aucune relation avec Rosslyn Chapel. La chapelle a été fondée au quinzième siècle et payée par sir William Saint-Clair, comte de Rosslyn et d'Orkney. L'ordre du Temple fut dissous près de cent ans avant que la première pierre de la Rosslyn Chapel ne soit posée. Le seul lien que l'on puisse trouver entre les Templiers et Rosslyn est que le quartier général des chevaliers du Temple se trouvait à quelques kilomètres du château de Rosslyn et que la famille Saint-Clair témoigna contre les Templiers au moment du procès des membres de l'ordre à Holyrood, à Édimbourg, en 1309.

Rosslyn Chapel se situe à quelques kilomètres au sud d'Édimbourg, dans le petit village de Roslin. Par la suite, le lieu est devenu célèbre pour avoir abrité la naissance de Dolly, la brebis clonée au Roslin Institute. La chapelle, édifice du Patrimoine mondial, a inspiré des artistes et des écrivains comme Robert Burns, sir Walter Scott ou William Wordsworth. C'est aussi l'église d'une paroisse où le service est célébré chaque semaine.

La chapelle d'aujourd'hui représente seulement une fraction de l'immense cathédrale qui était prévue. Le nom correct de l'édifice est le Collegiate College of Saint Matthew, et on pense que la famille Saint-Clair, qui a fondé la chapelle, avait envisagé que Rosslyn deviendrait un grand centre d'études. Le château de Rosslyn abritait un scriptorium où les livres venus d'Europe continentale étaient traduits et recopiés à la main. Par de nombreux aspects, les sculptures à l'intérieur de la chapelle imitent les enluminures complexes des livres d'heures médiévaux et des bestiaires. Des créatures fabuleuses, dragons, licornes, hommes verts, lions et singes, côtoyaient saints, chevaliers, rois, reines, musiciens avec leurs instruments et un aréopage de personnages bibliques.

Roslin n'est pas l'orthographe originelle de Rosslyn, et le nom ne vient pas de « Rose Ligne », contrairement à ce que prétend le *Da Vinci Code*. Il s'agit en fait d'un nom construit à partir de deux mots écossais : « *ross* » qui signifie « colline », et « *lynn* » qui veut dire « eau ». Rosslyn a donc pour sens littéral la colline au bord de l'eau. Ce nom correspond à la situation géographique du lieu. Une éminence à la base entourée d'un large méandre de la rivière Esk sert de fondement à Rosslyn Castle.

Ces dernières années, des ouvrages d'histoire alternative ont fait circuler toutes sortes de théories farfelues à propos de Rosslyn Chapel. On a prétendu que l'Arche d'alliance, le Saint-Graal, les Évangiles secrets du Christ, le trésor des Templiers et la tête embaumée de Jésus étaient enterrés sous la chapelle. D'après certains auteurs, le bâtiment contiendrait des enseignements secrets sur les Templiers et les origines de la franc-maçonnerie. Les habitants du lieu craignent d'entendre dire un jour ou l'autre que le monstre du Loch Ness et le vaisseau spatial de Roswell sont également dissimulés dans le sous-sol ! Une légende locale prétend qu'un grand trésor est caché à Rosslyn. Il vaudrait des millions d'euros et serait gardé par un chevalier noir et le fantôme d'une dame blanche. Mais cette rumeur concerne le château et non la chapelle.

D'ailleurs, il existe effectivement une salle souterraine à Rosslyn Chapel : la crypte qui sert de caveau à la famille Saint-Clair. Des générations de ces chevaliers écossais gisent là, enterrés dans leur armure. L'entrée de cette tombe est parfaitement répertoriée et se trouve sous les dalles de pierre de l'aile nord de la chapelle. Cependant, les travaux d'excavation de la crypte sont interdits, non seulement parce que la paroisse est en activité, mais aussi parce que le bâtiment est fragile et qu'il a manqué d'entretien pendant des centaines d'années. De plus, il n'y a aucune preuve qu'un quelconque « trésor secret » soit enterré sous Rosslyn Chapel. Toute excavation serait importune et n'aboutirait qu'à endommager l'édifice.

La ligne magique entre Rosslyn Chapel et Glastonbury, dont il est question dans le *Da Vinci Code*, existe-t-elle vraiment ? N'importe qui muni d'une règle peut dessiner une ligne droite entre ces deux points. Les principales structures existant sur cette ligne sont les autoroutes M5 et M6. À l'intérieur de la chapelle, vous ne trouverez pas un chemin en forme d'étoile de David gravé dans le sol ; tout cela n'est que de la fiction. Si l'on rencontre des exemples de géométrie sacrée dans cette chapelle, elle n'est pas fondée sur le Temple de Salomon, ou « Temple maçonnique », mais sur le chœur est de la cathédrale de Glasgow. Vous n'y trouverez pas non plus les piliers « Boaz » et « Jachin ». En revanche, il existe trois piliers principaux, dont le fameux Apprentice Pillar. La légende dit qu'il aurait été sculpté par un jeune apprenti s'inspirant de la vision d'un merveilleux pilier vu en rêve. Le maître maçon, qui avait voyagé jusqu'à Rome pour apprendre son art, fut si jaloux de la réalisation de son élève qu'il le battit à mort.

Sur chaque surface de la chapelle, on voit des centaines de cubes étranges portant de singuliers motifs sculptés, étudiés par les cryptographes depuis quelques années seulement. Le « code » peut être factuel ou non. Mais quelle que soit la signification du message, une fois déchiffré, il ne permettra à personne de découvrir l'emplacement de la crypte de Rosslyn Chapel, pour la bonne et simple raison que cet endroit est déjà bien connu. Selon une théorie en vigueur, les sculptures des cubes représenteraient les notes d'une chanson médiévale. Cette thèse s'appuie en particulier sur le fait que chaque arche composée de cubes s'achève par un ange de pierre jouant d'un instrument, du quinzième siècle.

Le nom de Saint-Clair figurant dans les *Dossiers secrets* du Prieuré de Sion ne semble avoir été rapproché de celui des Saint-Clair de Rosslyn qu'à partir de la publication de *L'Énigme sacrée*. « Marie » de Saint-Clair appartient entièrement à la fiction : un faux nom introduit dans les documents du Prieuré de Sion tels qu'ils figurent dans le roman. Elle n'existe pas dans le dossier historique.

Rosslyn Chapel est un endroit magique qui recèle des trésors d'imagerie médiévale et nous permet ainsi d'avoir un regard unique sur ce qui se passait dans l'esprit des intellectuels, des seigneurs et des artisans du Moyen Âge. Les Saint-Clair de Rosslyn étaient des nobles écossais qui ont combattu aux côtés de William Wallace et de Robert Bruce. Ils ont acquis une grande influence à la cour d'Écosse, avant d'être envoyés en France comme ambassadeurs. À l'époque de l'édification de Rosslyn Chapel, ils sont au faîte de leur pouvoir, et décident de réaliser une maison de Dieu regorgeant de merveilles dont la signification s'est perdue avec le temps.

Voir aussi : Dossiers secrets ; Chevaliers du Temple ; Prieuré de Sion.

Saint-Graal

Le thème central et l'objet final du roman de Dan Brown est la compréhension de ce que représente le Saint-Graal.

Dans diverses versions de la légende, le Graal a été décrit comme une coupe ou un calice, une relique contenant le sang du Christ, un plat d'argent, un chaudron d'abondance, une pierre du paradis, une assiette, un poisson, une colombe, une épée, une javeline, une lance, un livre secret, de la manne du paradis, une tête tranchée, une lumière blanche aveuglante, une table et beaucoup d'autres choses encore.

La quête du Graal, pour le comprendre mais aussi pour le découvrir, nous accompagne depuis près de mille ans et se trouve profondément incrustée dans l'âme moderne. Le Graal a été représenté sous de nombreuses formes à partir des temps médiévaux et sa recherche a occupé de nombreux esprits. Mais que savons-nous de ses origines ?

Selon la vision conventionnelle, le Graal est le calice qui a recueilli le sang du Christ et que Joseph d'Arimathie a apporté en Grande-Bretagne. Il aurait abordé à Glastonbury, dans le sud de l'Angleterre ; ensuite, on aurait perdu sa trace. D'après la légende, cette coupe ou Graal avait d'abord servi pendant la Cène, puis pendant la Crucifixion, pour collecter le sang du Christ. Cependant, les versions diffèrent quant à savoir qui a recueilli le sang : pour certains, ce serait Joseph d'Arimathie, pour d'autres, Nicodème ou encore Marie-Madeleine. La légende se prolonge à travers les siècles, pour atteindre un pic à l'époque du Moyen Âge.

Les premiers romans du Graal ont été rédigés au douzième et au treizième siècles. La production se concentre particulièrement entre 1190 et 1240, encore que l'histoire semble avoir été antérieurement transmise par la tradition orale. Ces dates coïncident avec la montée en puissance des chevaliers du Temple en Europe. Les auteurs se retrouvent principalement parmi les moines cisterciens et bénédictins, et de nombreuses histoires révèlent des thèmes manifestement templiers.

Très tôt, il apparaît qu'il n'existe pas une histoire unique du Graal. La plupart des romans présentent des versions contradictoires. L'une des plus anciennes connue est *Le Conte du Graal*, écrite par Chrétien de Troyes autour de 1190. C'est là qu'apparaît pour la première fois le personnage de Perceval, le chevalier naïf, figure archétypale de l'idiot des histoires du Graal. Au cours d'une grande fête dans le château du Roi-Pêcheur, le chevalier voit d'abord ce qu'il prend pour le Graal, croise beaucoup d'autres visions et événements, il est également question d'une épée brisée. Le Roi-Pêcheur est un personnage étrange qui survient dans le Graal et les légendes arthuriennes ; il reste toujours une figure mystérieuse, pas encore entièrement comprise. Chrétien de Troyes mourut probablement avant de terminer son histoire, qui aurait été partiellement complétée par des auteurs plus tardifs composant des versions appelées *Les Continuations*. Ces versions ajoutent des embellissements et de la couleur à l'histoire originale, additionnent des éléments destinés à devenir des classiques dans des versions ultérieures.

Les contes de Robert de Boron, *Joseph d'Arimathie* et *Merlin*, sont deux autres histoires du Graal écrites autour de 1200. Ces textes révèlent une nouvelle orientation chrétienne : ils soulignent que, pour les chevaliers, la quête était avant tout spirituelle, plutôt qu'une histoire d'honneur courtois ou de belle princesse à marier. À cette époque, dans les premières années du treizième siècle, les contes de Robert de Boron s'associent aux légendes arthuriennes, fort populaires alors, où l'on retrouvait fréquemment sir Gauvain et sir Galaad. Au même moment fut rédigée la plus connue des histoires du monde anglophone, *The Queste*, qui mettait en scène sir Galaad, fils de sir Lancelot. *The*

Queste forme la base de *La Morte d'Arthur*, le brillant récit épique de sir Mallory, qui date du quinzième siècle. Cette œuvre, plus qu'aucune autre, a déterminé la perception actuelle non seulement des légendes arthuriennes, mais aussi des romans du Graal. Le livre de Mallory exerce un impact puissant sur les esprits depuis cinq cents ans.

Vers 1205, un poète bavarois du nom de Wolfram von Eschenbach composa le poème *Parzifal*. Il redit la quête du héros telle qu'elle fut écrite par Chrétien de Troyes, avec cette différence que le Graal devient une pierre. Pas une pierre ancienne : celle dont il est question est une pierre lumineuse tombée du paradis. Pour la première fois, le Graal n'est pas décrit comme une coupe. La pierre d'Eschenbach est gardée par des chevaliers appelés *Templeisen*, terme qui fait allusion aux chevaliers du Temple. Dans l'histoire du poète, le jeune Parzifal est en quête du château du Graal, nommé ici Mont du Salut. Sur sa route, il rencontre un vieil homme sage appelé Trevrizent, avec lequel il reste quinze jours. Le vieillard est en fait l'oncle de Parzifal ; il lui raconte l'histoire du Graal qu'il tient d'un vieux sage, Kyot de Provence. Selon plusieurs experts, Kyot serait inspiré d'un personnage authentique, Guiot de Provins. Trevrizent prétend que Kyot a découvert l'histoire du Graal à Tolède, dans un livre écrit en une langue étrange et barbare. Cette « langue barbare » est probablement l'arabe que parlaient les Maures de Tolède. Trevrizent continue en expliquant à Parzifal que ce livre a été écrit par un homme appelé Flegetanis, dont la mère était une Juive de la lignée de Salomon, et dont le père semble avoir été un astrologue.

L'histoire de Parzifal telle qu'elle est racontée par Eschenbach a pour thème la pureté et le jugement. Seuls ceux qui ont le cœur et l'esprit purs peuvent atteindre le Graal, et il appartient à Dieu de juger qui est digne d'y parvenir. Parzifal finit par retourner au château du Graal, pose la question juste au Roi-Pêcheur et, ce faisant, guérit le souverain mourant. Parzifal devient ensuite le roi du Graal et le cycle continue.

L'idée du Graal comme métaphore de la lignée du Christ est relativement récente. Pourtant, nombre d'auteurs modernes tentent de nous faire croire que cette vérité a été connue à travers les siècles par quelques hommes soigneusement choisis, qui auraient dissimulé cette idée dans des travaux d'art et d'architecture au cours des âges. Le Prieuré de Sion et ses grands maîtres en sont un exemple classique.

Les histoires qui reprennent l'usage originel du Saint-Graal — recueillir le sang du Christ lors de la crucifixion — associent ce sang précieux au Graal, voire représentent une métaphore pour désigner une véritable descendance du Messie. Cette théorie implique que le Christ se soit marié à Marie-Madeleine avant sa mort et qu'elle ait porté son enfant. La lignée du Christ est censée se prolonger jusqu'à nos jours, et le Graal serait donc le « rameau » par lequel les rois mérovingiens descendraient du Christ. L'hypothèse est qu'après la Crucifixion, Marie-Madeleine a débarqué en France avec leur enfant. Par la suite, un des descendants se serait marié dans une tribu franque, donnant le jour à la dynastie mérovingienne. D'abord popularisée voilà vingt ans par Michael Baigent, Henry Lincoln et Richard Leigh dans leur best-seller *L'Énigme sacrée*, cette analyse connaît maintenant une renaissance grâce à la popularité du *Da Vinci Code*, qui a tiré nombre d'informations du premier ouvrage pour construire son intrigue.

Voir aussi : Énigme sacrée ; Joseph d'Arimathie ; Chevaliers du Temple ; Marie-Madeleine.

Saint-Sulpice

Saint-Sulpice est la célèbre église parisienne vers laquelle Silas est conduit par un message des dirigeants du Prieuré de Sion, pour y chercher la clé de voûte sous la Rose Ligne au pied de l'obélisque. Mais cela se révélera être une tactique de diversion doublée d'un signal d'alarme.

Saint-Sulpice a été construit au cours de l'ère mérovingienne, dans l'enceinte de l'abbaye Saint-Germain-des-Prés, pour servir d'église paroissiale aux paysans vivant à l'intérieur du domaine sur la rive gauche de Paris. L'église est dédiée à saint Sulpicius, archevêque de Bourges du sixième siècle, dont la fête se déroule le 17 janvier. D'après les documents du Prieuré de Sion, l'église est en réalité construite sur les vestiges d'un ancien temple païen consacré à Isis et une statue de la déesse aurait été vénérée comme la Vierge Marie jusqu'à sa destruction, en 1514.

À mesure que la paroisse de Saint-Germain-des-Prés prenait de l'importance, grâce à sa propre église, qui détenait un morceau de la Vraie Croix et la tunique de saint Vincent, Saint-Sulpice fut continuellement reconstruit et agrandi pour recevoir une population locale à la fois plus nombreuse et plus aisée. En 1646, un grand chantier fut lancé sur l'édifice actuel, qui devait devenir le séminaire de Saint-Sulpice et rivaliser en taille et en importance avec Notre-Dame de Paris. Mais la réalisation se heurta à des difficultés financières. Sur une période de cent trente-six ans, six architectes se succédèrent pour mener à bien le projet.

Saint-Sulpice est mondialement connu pour son gnomon, cadran solaire annuel qui fait évoluer un rayon de soleil le long d'une bande de cuivre insérée dans le sol, permettant ainsi de marquer les équinoxes et les solstices. Au cours de l'année, quand le Soleil est à son zénith, le rayon pénètre dans l'édifice par un trou situé dans une fenêtre du transept nord et se déplace dans la largeur de l'église jusqu'au sommet de l'obélisque. Dans les documents du Prieuré, la bande de cuivre qui marque le méridien solaire est connue sous le nom de Rose Ligne, une allusion en forme de jeu de mots à l'histoire de sainte Roseline, qui mourut un 17 janvier, ou encore au nom alternatif de Serpent rouge.

Il est possible de visiter les fondations de l'église originale dans la crypte de l'édifice actuel, mais malheureusement le gnomon ne fonctionne plus, bien qu'on puisse toujours voir la bande de cuivre et l'obélisque.

Baudelaire et le marquis de Sade furent baptisés dans cette église, Victor Hugo s'y maria.

Voir aussi : Dossiers secrets ; Gnomon de Saint-Sulpice ; Pierre Plantard ; Prieuré de Sion ; Rose Ligne ; Jacques Saunière.

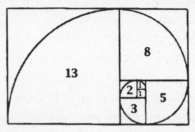

Séquence de Fibonacci

À l'endroit où a été découvert le corps de Jacques Saunière, quelques nombres sont inscrits sur le sol. Sophie, sa petite-fille, reconnaît la séquence et l'interprète comme un signe que son grand-père lui a adressé, même si la signification du message apparaît plus tardivement. Une fois qu'elle a la clé d'un coffre-fort et réalise qu'elle a besoin d'un numéro de compte bancaire pour accéder au contenu, les nombres sont disposés par ordre ascendant et fournissent la solution.

Créée par Léonard Fibonacci, la suite est une séquence infinie de nombres, commençant par : 1, 1, 2, 3, 5, 8, 13... Chaque nombre est la somme des deux nombres qui la précèdent : 1+1 = 2, 1+2 = 3, 2+3 = 5, 3+5 = 8, 5+8 = 13, et ainsi de suite. Pour toute valeur supérieure à 3 dans la séquence, le rapport entre deux nombres consécutifs est de 1 : 1,618, soit le Nombre d'Or.

On trouve des éléments de la suite de Fibonacci partout dans la nature. Le cœur du tournesol, par exemple, est constitué de vingt et une spirales d'un côté et trente-quatre de l'autre — deux chiffres consécutifs dans la séquence. L'extérieur d'une pomme de pin présente des spirales qui courent dans le sens des aiguilles d'une montre, puis dans l'autre, et le rapport du nombre de spirales d'un côté ou de l'autre représente encore des chiffres consécutifs de la suite. Quant aux élégantes courbes d'une coquille de nautile, chaque nouvelle révolution, une fois complétée, sera dans un rapport de 1 : 1,618, comparé à la distance à partir du centre de la spirale précédente.

Fibonacci est né à Pise en 1170. Il a grandi et fait ses études à Bougia, une ville d'Afrique du Nord, devenue Bejaia en Algérie puis regagna Pise vers 1200. On peut imaginer que, pendant sa formation, Fibonacci a été influencé, voire instruit, par des mathématiciens arabes. Il a écrit de nombreux textes sur la théorie des mathématiques et a fait lui-même des découvertes significatives dans ce domaine, ce qui l'aida à rendre ses travaux populaires en Italie et attira l'attention du souverain du Saint-Empire romain de l'époque, Frédéric II, qui l'invita à sa cour de Pise. Fibonacci mourut en 1250.

Voir aussi : Nombre d'Or ; Rectangle d'Or.

Shekinah

Le terme est cité par Robert Langdon lorsqu'il aborde le rôle du sexe considéré comme une pratique permettant d'accéder à Dieu. Il tente d'aider Sophie Neveu à accepter la signification d'un rituel auquel elle a vu son grand-père prendre part.

Dans le Targum, traduction en araméen de la Bible, le terme est employé pour indiquer la manifestation de la présence de Dieu parmi les hommes. Cependant, il semble que les intellectuels et les philosophes juifs de l'époque médiévale, pour éviter une interprétation anthropomorphiste — à cause de certains usages du mot dans le Talmud et le Midrash, où il est clairement signifié que le concept ne peut être identique à Dieu —, introduisirent la notion d'une existence séparée pour la Shekinah et la dotèrent d'une identité féminine, puisque son rôle devait rester mineur.

En contrepartie, en s'appuyant sur cette notion d'identité séparée, certains travaux de la Kabbale confèrent au terme le sens d'« épouse de Dieu », dotant ainsi le concept d'une ampleur et d'une portée accrues. Dans l'approche kabbalistique, la Shekinah ne pourra être réunie à Dieu que lorsque tous les commandements divins seront accomplis, signalant ainsi l'arrivée de l'âge messianique.

Voir aussi : Robert Langdon ; Sophie Neveu.

Silas

Membre de l'Opus Dei, le personnage de Silas croit sincèrement qu'il accomplit le travail de Dieu en semant la désolation sur son passage. Il pratique la mortification corporelle en portant un cilice et en se flagellant. Son nom ne semble pas avoir de sens caché, quoiqu'on puisse le rapprocher de saint Silas, un compagnon de saint Paul, mentionné dans les Actes (XV, 22), comme « un des chefs de la fraternité ».

Voir aussi : Cilice ; Opus Dei.

Sœur Sandrine Bieil

Le nom de la sœur qui a ouvert l'église Saint-Sulpice à Silas au milieu de la nuit a été créé à partir de celui de deux personnes réelles figurant dans l'histoire du Prieuré de Sion. Son prénom, Sandrine, vient de Gino Sandri, secrétaire personnel de Pierre Plantard, lequel était un grand maître du Prieuré de Sion. Bieil est une référence à l'abbé Bieil, directeur général du séminaire de Saint-Sulpice au milieu du dix-neuvième siècle. Béranger Saunière, le prêtre de la paroisse de Rennes-le-Château, aurait rendu visite à l'abbé Bieil après avoir trouvé des parchemins rédigés dans un code secret, pendant la rénovation de son église en 1861.

Voir aussi : Pierre Plantard ; Jacques Saunière ; Saint-Sulpice.

Sophie Neveu

Sophie est l'un des personnages principaux du *Da Vinci Code*. Son grand-père, Jacques Saunière, a organisé la quête dans laquelle elle se lance.

Son prénom est important. « Sofia », qui apparaît dans le Nouveau Testament pour désigner la « sagesse », est la solution à l'une des énigmes qu'elle doit résoudre. Sophie a été élevée à Paris par Saunière, qui l'appelle Princesse Sophie, surnom commode pour dissimuler les initiales P.S., représentant aussi le Prieuré de Sion, l'organisation dont il est le grand maître. Le Prieuré croit que le Christ a eu une descendance par son mariage avec Marie-Madeleine. Il est aussi intéressant de noter que le nom de famille de Sophie Neveu signifie fille du frère ou de la sœur, donc « descendant ». À mesure que l'histoire progresse, elle reçoit des informations sur sa famille et comprend les activités du Prieuré de Sion. Ses découvertes semblent avoir été prédites par son patronyme.

Voir aussi : Marie-Madeleine ; Prieuré de Sion ; Jacques Saunière.

Sub Rosa

Lorsque Jacques Saunière souhaitait indiquer à Sophie qu'il ne voulait pas être dérangé, s'il devait passer un coup de téléphone confidentiel, par exemple, il avait coutume de suspendre une rose à la porte de son bureau.

Sub Rosa est un adjectif dont la signification est « secret », « confidentiel » « privé ». L'expression vient du latin et se traduit par « sous la rose ». Elle exprime la confidentialité par le lien qui existe dans les anciennes légendes entre la rose et le secret. Le concept vient de l'Antiquité, où l'on retrouve l'histoire d'Éros donnant une rose à Harpocrate, le dieu du Silence pour l'amener à ne pas trahir la confiance de Vénus. Dans les salles de banquet de Rome, les plafonds étaient souvent peints ou décorés de roses pour rappeler aux invités que tout ce qui se disait à table était *Sub Rosa*.

Temple Church

Langdon, Sophie et Teabing sont conduits à Temple Church par l'une des énigmes du *Da Vinci Code*, en suivant ce qui se révèle être une nouvelle fausse piste.

Située à Londres, entre Fleet Street et la Tamise, Temple Church date du douzième siècle. L'église est encore utilisée aujourd'hui comme lieu de culte, avec des services dominicaux. On peut malgré tout la visiter à certaines heures, du mercredi au dimanche

Temple Church a été construite par les Templiers. Avant l'érection du bâtiment actuel, ils occupaient un site établi dans le quartier de High Holborn par Hugues de Payens, le premier grand maître de l'ordre et un des neuf chevaliers originaux. Les Templiers s'y sont rapidement sentis trop à l'étroit. Il fut donc décidé d'acheter l'emplacement occupé actuellement par Temple Church et de bâtir un plus vaste domaine. Autour de l'église actuelle, on trouvait aussi des quartiers et des maisons pour les chevaliers, des terrains de loisir et des champs de manœuvres. Les plus jeunes membres de l'ordre, les novices, n'étaient pas autorisés à pénétrer dans la Cité de Londres sans la permission expresse du grand maître du Temple.

Les bâtiments sont composés de deux parties distinctes, une section connue sous le nom d'église ronde, à laquelle a été adjoint un édifice de forme rectangulaire désigné sous le nom de *chancel*, et rajouté environ cinquante ans après la construction initiale.

Tout comme les traditions de l'ordre du Temple, cette église ronde est fondée sur les plans de l'église du Saint-Sépulcre à Jérusalem. Elle abrite les toutes premières colonnes indépendantes, en marbre de Purbeck, qui entourent la nef de seize mètres de diamètre. À l'origine, les murs auraient été peints de couleurs vives.

L'église ronde a été consacrée le 10 février 1185 par Heraclieus, patriarche de Jérusalem. Certains supposent que le roi Henri II d'Angleterre assistait aussi à la cérémonie. Elle abrite quelques-unes des caractéristiques plus singulières. Comme le *Da Vinci Code* le mentionne, l'église est célèbre pour les effigies en marbre des neuf chevaliers rassemblées en son milieu. Les personnages principaux du roman sont venus à la recherche d'un « chevalier qu'un pape a enterré... », formule tirée de l'énigme qui devrait les conduire vers le Saint-Graal. Le plus fameux de ces chevaliers est William Marshal. Désireux d'être enseveli comme un Templier, il fut ordonné avant sa mort. Marshal fut chevalier en 1167 ; jouteur consommé, il remportait des tournois à travers tout le pays, et sortit victorieux de près de cinq cents rencontres sans jamais avoir connu la défaite. Marshal joua aussi un rôle important quand il fut question de traiter avec les barons rebelles, qui amenèrent le roi Jean à signer en 1215, à Runnymede, la Magna Carta ou Grande Charte limitant les pouvoirs du roi. À cette occasion, Temple Church se révéla un lieu de négociations. De même, Marshal devint régent au début du règne du fils du roi Jean, Henri III, qui avait aussi exprimé le désir d'être enterré dans l'église ronde.

Le souhait d'Henri entraîna la réalisation d'une série de travaux au cours desquels on abattit le chœur pour le remplacer par un bâtiment plus étendu, connu maintenant comme le *chancel*, et consacré le jour de l'Ascension en 1240. Cependant, tout cela se révéla inutile, puisque Henri III changea d'avis quant au lieu de sa sépulture, favorisant l'abbaye de Westminster. En revanche, un de ses fils, mort prématurément, fut enseveli à Temple Church.

En tant que chef d'un ordre aussi puissant, le maître du Temple siégeait au Parlement comme Primus Baro, premier baron du royaume. C'est au domaine de Temple Church qu'étaient logés les légats du pape, les rois et les dignitaires venus de toute l'Europe. Et très tôt on y trouva aussi une banque de dépôt ; elle gérait la fortune des nobles et des chevaliers du royaume qui confiaient leurs biens.

Après 1307, lors de la dissolution de l'ordre des Chevaliers du Temple, Edouard II prit le contrôle de l'église et l'intégra aux possessions de la Couronne. Plus tard, le domaine fut confié à l'ordre des Hospitaliers, qui en retour louèrent le domaine à deux collèges d'hommes de loi. L'ensemble est connu sous le nom d'Inns of the Court, composées d'Inner Temple et Middle Temple. Ils partagent l'usage de l'église et sont assurés de pouvoir l'occuper à perpétuité par une décision de Jacques Ier, en 1608. Cette situation perdure actuellement.

Nombre d'événements historiques ont eu pour témoins les murs de Temple Church : les négociations qui conduisirent à l'adoption de la Grande Charte, l'abolition de l'ordre du Temple, la bataille en 1580 entre les calvinistes et l'Église d'Angleterre, une restauration par sir Christopher Wren — qui fit installer un orgue à l'église. Puis le bombardement allemand de 1941 qui réduisit le toit rond en cendres, détruisit l'orgue et les restaurations qui dataient de l'ère victorienne. Durant ce raid, les colonnes en marbre de la nef furent endommagées, craquant sous l'effet de la forte chaleur. Elles furent remplacées ultérieurement. À ce propos, il est intéressant de noter que les colonnes originales penchaient légèrement vers l'extérieur ; les reproductions sont inclinées suivant le même angle. L'église fut de nouveau consacrée en novembre 1958.

Dans l'acte I de sa pièce *Henri IV*, Shakespeare raconte comment deux roses sont cueillies dans le jardin de Temple Church, décrivant ainsi le début de la guerre des Roses. Une série de roses blanches et rouges a été plantée en 2002 pour commémorer cette scène.

Voir aussi : Chevaliers du Temple.

Le Temple de Salomon

Dans le roman, Langdon explique à Sophie que Rosslyn Chapel est une réplique du Temple de Salomon.

Selon les enseignements des traditions juive et chrétienne, le roi Salomon était le fils de Bethsabée et du roi David. Il construisit un temple légendaire au sommet du mont Moriah à Jérusalem. Successeur de David, Salomon régna de 970 à 930 avant J.-C. sur le royaume d'Israël. Son règne fut marqué par les nombreuses alliances étrangères qu'il aurait établies, en particulier avec les Égyptiens et les Phéniciens, pendant qu'il affermissait la nation d'Israël en la transformant en une formidable force, tout en étendant son territoire. Des sources bibliques attestent que son règne vit aussi des troubles éclater dans le nord du pays, notamment une révolte conduite par Jéroboam Ier. La plupart des informations relatives à Salomon nous sont parvenues par le Livre II de

Samuel, ainsi que les Livres des Rois I et II, mais aussi par un petit nombre de textes non bibliques. En revanche, il semble étrange qu'il soit presque impossible de corroborer ces récits autour du roi à partir des dossiers archéologiques contemporains. Salomon était renommé pour sa sagesse, et plusieurs livres de l'Ancien Testament lui sont traditionnellement attribués. Dans le Coran, Salomon est connu sous le nom de Suleiman, et révéré dans la tradition musulmane comme un des premiers prophètes.

Selon la tradition biblique, avant sa mort, le roi David aurait rassemblé les matériaux nécessaires à la construction du Temple de Salomon. Celui-ci compléta le matériel et les plans par la suite.

La préparation du site du Temple peut se lire dans le Premier Livre des Rois. Il est question d'un grand mur élevé sur la colline de Moriah et d'un nivellement massif du site. Salomon est aussi crédité de la construction de grandes citernes et de canaux destinés à amener l'eau sur place. Les dimensions et l'architecture du Temple sont amplement détaillés dans la Bible ; les proportions et le symbolisme rattachés à l'édifice ont été source de nombreux débats à travers les siècles. Le Temple était construit pour abriter le Saint des Saints, endroit destiné à renfermer la légendaire Arche d'alliance : le coffre qui renfermait les tablettes de pierre sur lesquelles étaient gravés les Dix Commandements, signe de l'Alliance passée entre Dieu et les Israélites. L'Arche était un coffre plaqué d'or portant l'image des quatre Chérubim (taureaux ailés). Elle était transportée grâce à deux longs bâtons glissés de part et d'autre. Pour les israélites, l'Arche était la source d'un pouvoir légendaire. Le sujet a été abondamment traité.

Devant l'entrée du Temple se dressent deux colonnes de bronze, Jachin et Boaz. Ces deux piliers ont aussi été l'objet de moult spéculations à travers les âges et ils jouent un rôle important dans les traditions des francs-maçons modernes. Selon eux, leur organisation remonte à la construction du Temple. Les francs-maçons révèrent la figure de Hiram Abiff, autre nom de Hiram Ier, roi de Tyr, qui passa un accord stratégique avec le roi Salomon. Ils le considèrent comme un témoin de l'érection du Temple.

Les preuves du règne de Salomon et des constructions réalisées sous sa souveraineté sont rares dans l'Israël d'aujourd'hui, et divers commentateurs modernes se demandent s'il a vraiment existé. Quelques chercheurs soulignent le fait que son nom semble avoir été composé à partir des mots « sol » (soleil) et « omon » (Amon, le dieu-soleil égyptien), et pourrait être une référence symbolique.

Aux yeux des traditionalistes, le Temple de Salomon est un édifice réel, construit sur le mont Moriah, au cœur de Jérusalem. Cependant, en l'absence de preuves archéologiques ou autres pour corroborer cette thèse, plusieurs chercheurs modernes sont arrivés à une conclusion bien différente à propos de Salomon, de l'histoire de sa vie et de son Temple. Serait-il possible que le Temple soit une représentation symbolique d'autre chose ? Une métaphore représentant une voie qui mènerait vers Dieu ? On a supposé que beaucoup de temples de Salomon existent dans différents endroits du monde antique et qu'en fait les mesures et les dimensions figurant dans la Bible sont des références ésotériques à une géométrie sacrée. David Alan Ritchie, un chercheur écossais, pense pour sa part avoir identifié un Temple de Salomon géant construit à partir de la géométrie du paysage dans la région de Rosslyn Chapel. On a même avancé la théorie que Rosslyn Chapel elle-même, avec ses ornements sculptés et ses piliers impressionnants, était conçue d'après les plans du Temple de Salomon.

Quelle que soit la vérité, un fait demeure : le Temple de Salomon retient depuis plusieurs centaines d'années l'attention de quelques-uns des esprits les plus brillants.

Voir aussi : Templiers ; Rosslyn Chapel ; Géométrie sacrée.

Vierge aux rochers (La)

« Sa croix grave l'heure » est l'indice énigmatique laissé par Jacques Saunière sur *La Joconde* pour sa petite-fille Sophie Neveu. C'est une anagramme qui, une fois résolue, la renvoie à *La Vierge aux rochers*. Derrière la toile, elle découvre une clé qui plus tard se révélera être celle d'un coffre-fort où l'attend un héritage important.

La Vierge aux rochers est le nom donné aux deux versions d'une scène religieuse de Vinci, qui dépeint la Vierge Marie assise avec l'Enfant Jésus et Jean-Baptiste, accompagnés de l'archange Uriel. La composition adopte une forme triangulaire, dont la Vierge Marie est l'apex.

La plus ancienne des versions est également la plus curieuse. Le tableau fut commandé le 25 avril 1483, pour l'église San Francesco Grande à Milan. C'est une peinture à l'huile sur un panneau au sommet arrondi d'environ deux mètres sur un mètre vingt, conçue pour former la partie centrale d'un grand tableau sur bois à l'intérieur de la chapelle de l'Immaculée Conception. Ce panneau central était censé montrer la Sainte Famille cherchant asile dans le désert d'Égypte pour fuir Hérode, puis leur rencontre avec l'enfant Jean-Baptiste et Uriel, l'archange chargé de sa protection. Bien qu'elle ne soit pas mentionnée dans la Bible, cette scène fait partie de la tradition chrétienne.

Le tableau représente la Vierge Marie assise au centre d'une grotte rocheuse. Auprès d'elle, deux enfants, Jésus et Jean-Baptiste. Uriel est agenouillé à sa gauche, légèrement en retrait par rapport à l'un des deux enfants. Celui à la gauche de la Vierge Marie est censé être Jean-Baptiste, agenouillé à ses pieds, mains jointes comme s'il était en prière, pendant que la main droite de la Vierge Marie repose sur son épaule. De l'autre côté, l'enfant censé représenter Jésus est assis en tailleur, plus loin d'elle, et Sa main droite est levée en un geste de bénédiction dirigé vers l'autre petit. La main de la Vierge semble planer au-dessus de Sa tête et du doigt pointé de l'archange Uriel. Ce dernier se tient derrière lui et semble montrer l'enfant installé à droite de la Vierge.

Comme Vinci n'a désigné aucun des deux enfants, il est difficile de décider qui est Jésus et qui est Jean-Baptiste. Cependant, on présume généralement que celui qui lève la main en signe de bénédiction serait Jésus, avec Jean-Baptiste dans un rôle subalterne. Cette interprétation est corroborée par la seconde version de l'œuvre, où l'enfant à la droite de Marie porte la longue croix rouge associée à la figure de Jean-Baptiste. Cependant, cette croix paraît avoir été ajoutée ultérieurement par un autre peintre, et l'on ne peut être certain que cette addition correspondait aux vœux de Vinci.

En regardant objectivement le tableau, il paraît probable que l'enfant en prière soit Jésus, et non Jean-Baptiste, car il est assis plus près de la Vierge Marie, qui le protège et le serre contre elle. Dans ce cas, il serait logique que l'autre enfant, plus proche de l'archange Uriel chargé de le protéger, soit effectivement Jean-Baptiste. C'est la théorie avancée par les auteurs de *La Révélation des Templiers* — l'un des livres trouvés par Sophie sur une étagère de la bibliothèque de Leigh Teabing.

Cette hypothèse rencontre naturellement de nombreux détracteurs, puisqu'elle conférerait à Jean-Baptiste un rôle beaucoup plus important. Cependant, cette version pourrait receler un symbolisme encore plus profond qu'il n'y paraît. Dans cette perspective, les actions des deux enfants refléteraient par exemple la tradition des Templiers vénérant davantage Jean-Baptiste que le Christ. Le geste d'Uriel et la position de la main gauche de la Vierge Marie sont des éléments qui intriguent. Prince et Picknett ont suggéré que la main de Marie est positionnée comme si elle empoignait une tête invisible, tandis que le doigt pointé d'Uriel passerait à l'endroit où se trouverait le cou de cette tête invisible. Peut-être une manière pour Vinci de désigner l'enfant comme Jean-Baptiste, qui, selon la Bible, fut plus tard décapité.

Il semble que les commanditaires de l'œuvre aient élevé des objections à cause du manque de références chrétiennes. Joseph n'était pas représenté, par exemple. Finalement, le tableau fut offert à Louis XII de France et se trouve maintenant au Louvre. La seconde version, une huile sur bois d'un mètre quatre-vingt-dix sur un mètre vingt, commandée en 1503 pour remplacer la précédente, est maintenant visible à la National Gallery de Londres. Dans cette version expurgée, les personnages sont légèrement plus grands et ont été nantis de halos. L'archange Uriel ne pointe plus l'index vers l'enfant installé à droite de la Vierge Marie, et qui porte maintenant la croix de Jean-Baptiste. Pour satisfaire aux exigences des autorités de l'Église, toutes les traces de symbolisme ont été enlevées.

Puisque Léonard de Vinci serait l'un des grands maîtres du Prieuré de Sion, il est naturel de rechercher des significations cachées dans ses œuvres. Si Vinci avait effectivement introduit des éléments de symbolisme secret dans son travail, sa première représentation de *La Vierge aux rochers* ferait une excellente candidate pour appuyer cette hypothèse.

Voir aussi : Léonard de Vinci ; Jacques Saunière ; Sophie Neveu.

Vierges noires

Les Vierges noires sont des statues religieuses représentant des Madones à l'Enfant et, comme leur nom le suggère, ces Madones ont la peau sombre. Si Dan Brown n'y fait pas directement référence dans le *Da Vinci Code*, elles sont intimement liées à nombre des thèmes qui apparaissent dans le roman, comme le culte de la déesse, Marie-Madeleine ou les chevaliers du Temple. On trouve des statues partout en Europe, et la vaste majorité est localisée en France, où il en existe près de trois cents. L'Espagne abrite plus de cinquante Vierges noires, alors qu'il y en a dix-neuf en Allemagne et trente en Italie. Lorette, Saragosse, Rocamadour, Montserrat, Guadalupe, « Notre-Dame de sous la Terre » à la cathédrale de Chartres, ou « Notre-Dame de Czestochowa » : voilà quelques statues ou sanctuaires les plus connus de la Vierge noire.

Ce culte fut florissant dans l'Europe médiévale, époque dont datent la majorité de ces représentations. La plupart du temps, elles prennent la forme de statues sculptées soit directement dans un bois noir comme l'ébène, soit en bois peint en noir. D'autres images sont sculptées dans la pierre, et une statue a été moulée en plomb. Des tableaux, des fresques et des icônes représentent aussi des Vierges noires.

Ces images de Madones noires étaient investies de pouvoirs puissants et miraculeux. On faisait appel à elles pour résoudre les problèmes de fertilité ou assurer les guérisons. Les représentations de la Vierge noire étaient censées receler une grande sagesse et être associées à la magie. Partout où l'on localise une Vierge noire, un culte fervent se développe, et même de nos jours les sanctuaires des Vierges noires sont le point de ralliement de nombreux croyants.

Plusieurs théories tentent d'expliquer pourquoi cette Madone à l'Enfant est représentée avec la peau sombre alors que la Vierge Marie a traditionnellement le teint clair. Une des thèses conclut que l'aspect sombre des statues vient de la suie déposée par des centaines d'années de fumées de bougies. Cependant, elle ne prend pas en compte le fait que la plupart des effigies ont été taillées dans l'ébène ou volontairement peintes en noir. Autre hypothèse, les statues auraient été rapportées par les croisés de pays habités par des gens à la peau noire. Mais les études ont démontré que ces représentations ont été réalisées localement et ne sont aucunement des copies d'art africain ou moyen-oriental.

La couleur particulière de ces images pourrait s'expliquer plus logiquement par le fait qu'elles sont liées à d'anciennes déesses, surtout si on considère que la plupart des sanctuaires des Vierges noires se trouvent sur d'anciens sites païens. On aurait donc une continuation du culte de la déesse, sous une forme différente. La déesse égyptienne Isis, la déesse romaine Diane et la divinité asiatique Cybèle ont été à un moment ou à un autre représentées avec la peau sombre. Le parallèle entre Isis et la Vierge Marie est peut-être le plus intéressant ; par exemple, les statues de l'ancienne Égypte représentent souvent Isis avec son fils Horus assis sur les genoux. Le culte de la déesse, associé à la médecine et à la fertilité, s'était répandu dans toute la Méditerranée et continua à progresser pendant l'ère chrétienne. Et même lorsque les traditions chrétiennes prirent le pas sur les vieilles croyances païennes, la majorité des symboles attachés à Isis furent attribués à la Vierge Marie. Ainsi, toutes deux sont appelées Étoile de la Mer et Reine du Paradis, toutes deux sont représentées debout sur un croissant de lune, avec une couronne d'étoiles autour de la tête, ou comme une mère avec son enfant. Encore plus significatif, la Vierge noire de Notre-Dame du Puy était à l'origine une statue d'Isis.

La déesse égyptienne est aussi liée à Marie-Madeleine, dont la vénération accompagne souvent le développement d'un culte de la Vierge noire. Environ cinquante des lieux de culte consacrés à Marie-Madeleine incluent aussi un sanctuaire de la Vierge noire. C'est le cas à Marseille, où l'une des trois Vierges noires se trouve à l'entrée d'une chapelle souterraine consacrée à Marie-Madeleine. Une chaîne de collines porte le nom de monts de la Madeleine, et on retrouve autour de ce petit massif la plus grande concentration de sites dédiés à la Vierge noire. Selon la tradition, l'une de ces statues, la Madone des Fenêtres, aurait été apportée dans le sud de la France par Marie-Madeleine en personne.

Beaucoup de ces représentations dissimulent un secret, comportent un aspect caché ou une association avec le monde d'en bas. La Vierge noire de la cathédrale de Chartres est appelée « Notre-Dame de sous la Terre », et comme nous l'avons vu, l'une des Vierges noires de Marseille se situe à l'entrée d'une chapelle souterraine. Quelques chercheurs suggèrent que cette association désigne les attributs féminins du divin ; le souterrain représenterait la matrice de la déesse. Les chevaliers du Temple vénéraient les Vierges noires.

Voir aussi : Isis, Chevaliers du Temple, Marie-Madeleine.

BIBLIOGRAPHIE

PRINCIPALES LECTURES RECOMMANDÉES

Michael Baigent, Richard Leigh, Henry Lincoln : *L'Énigme sacrée*. Traduit par Brigitte Chabrol (Pygmalion, 1983)

Michael Baigent, Richard Leigh, Henry Lincoln : *L'Énigme sacrée : Le Message*. Traduit par Hubert Tézenas (Paris Pygmalion, 1987)

Michael Baigent & Richard Leigh : *Des Templiers aux francs-maçons*. Traduit par Corine Derblum (Éditions du Rocher, 1991)

Michael Baigent & Richard Leigh : *The Elixir and The Stone : The Tradition of Magic and Alchemy* (Viking, 1997)

Henry Lincoln : *Le Temple retrouvé*. Traduit par Charlyne Valensin (Pygmalion, 1991)

Lynn Picknett et Clive Prince : *La Révélation des Templiers : les gardiens secrets de la véritable identité du Christ*. Traduit par Paul Couturiau (Éditions du Rocher, 1999)

Margaret Starbid : *The Woman With the Alabaster Jar : Mary Magdalene and the Holy Grail* (Bear & Company, 1993)

Yuri Stoyanov : *The Other God* (Yale University Press, 2000)

LE FÉMININ SACRÉ ET LA DÉESSE

Geoffrey Ashe : *The Virgin : Mary's Cult and the Re-Emergence of The Goddess* (Arkana, 1988)

Ean Begg : *The Cult of Black Virgin* (Arkana, 1996)

Susan Haskins : *Mary Magdelene, Myth and Metaphor* (Riverhead Books, 1996)

Clysta Kinstler : *The Moon Under Her Feet : The Story of Mary Magdalene in the Service to the Great Mother* (HarperCollins, 1989)

Jean Markale : *L'Amour courtois ou le couple infernal* (Imago, 1987)

Elaine Pagels : *Les Évangiles secrets.* Traduit et annoté par Tanguy Kenec'hdu (Gallimard, 1982)

James M. Robinson : *The Nag Hammadi Library* (Harper-Collins, 1990)

Yuri Stoyanov : *The Hidden Tradition in Europe* (Arkana, 1994)

ARTS MYSTIQUES

Christopher Andrew (ed.) : *Codebreaking and Signals Intelligence* (Frank Cass, 1986)

J.D. D'Arcy Boulton : *Knights of the Crown* (Palgrave Macmillan, 1978)

Edward Burman : *The Templars, Knights of God* (Inner Traditions, 1990)

Isabel Cooper-Oakley : *Masonry & Medieval Mysticism* (Theosphical Publishing House, Londres, 1977)

Arkon Daraul : *Les Sociétés secrètes.* Traduit par Francine Ménétrier (Éditions Planète, 1970)

Gaeton Delaforge : *The Templar Tradition in the Age of Aquarius* (Threshold Books, 1987)

Dion Fortuné : *La Cabale mystique.* Traduit par Gabriel Trarieux d'Egmont (Aydar, 1979)

Joscelyn Godwin : *The Chemical Wedding of Christian Rosenkreutz* (Phanes Press, 1994)

Manly P. Hall : *Secrets Teatchings of All Ages* (Deep Books, 2003)

A.C. Highfield : *The Book of Celestial Images* (Bargo Press, 1986)

Alexander Hirne : *King's Solomon Temple in Thomas Maso-nic Tradition* (HarperCollins, 1972)

Carl G. Jung : *Mysterium Coniunctionis* (Princeton University Press, 1977)

Carl G. Jung : *Psychology and Alchemy* (Routledge, 1980)

Carl G. Jung : *On the Nature of the Psyche* (Routledge, 2001)

Richard Kieckhefer : *Magic in the Middle Ages* (Cambridge University Press, 1989)

Gareth Knight : Guide pratique du symbolisme de la qabal (Édiru, 1991)

S.L. MacGregor Mathers : *The Kabbalah Unveiled* (RA Kessinger, 1998)

John J. Robinson : *Les Secrets perdus des francs-maçons.* Traduit par Monique Berry (Éditions du Rocher, 1994)

John J. Robinson : *Dungeon, Fire and Sword* (Caxton Éditions, 2001)

Alexander Roob : *Alchemy and Mysticism* (Taschen 2001)

Steven Runciman : *Le Manichéisme médiéval.* Traduit par Simone Pétrement et Jacques Marty (Payot, 1949)

Steven Runciman : *Histoire des Croisades.* Traduit par Denis-Armand Canal (Édition Dagorno, 1998)

David Stevenson : *Les Origines de la franc-maçonnerie : le siècle écossais.* Traduit par Gisèle Marion-Pouliquen (Éditions Télètes, 1993)

Edward Arthur Waite : *The Hermetic Museum* (Red Wheel/Weiser, 1991)

Edward Arthur Waite : *The Brotherhood of the Rosy Cross* (R A Kessinger, 1998)

William Watson : *The Last of the Templars* (The Harvill Press, 1998)

Nesta H ; Webster : *Secret Societies and Subversives Movements* (G S G & Associates, 1972)

Ian Wood : *The Merovingian Kingdoms 450-471* (Longman, 1993)

Frances A. Yates : *L'Art de la mémoire.* Traduit par Daniel Arasse (Gallimard, 1975)

Codes célestes et terrestres

Richard Hinckey Allen : *Star Names, Their Love and Meaning* (R A Kessinger, 2003)

Herta Von Dechend & Giorgio de Santillana : *Hamlet's Mill : An Essay Investigating the Origins of Human Knowledge and it's Transmission Through Myth* (Harvard Common Press, 1969)

J.L. Helibron : *The Sun in the Church : Cathedrals as Solar Observatories* (Harvard University Press, 1999)

John Michell : *The Dimensions of Paradise : The Proportions and Symbolic Numbers of Ancient Cosmology* (Adventures Unlimited, 2001)

John Michell & Christine Rhone : *Twelve-Tribe Nations and the Science of Enchanting the Landscape* (Phanes Press, 1991)

Jean Richer : *Sacred Geography of The Ancient Greeks, Astrological Symbolism in Art, Architecture and Landscape* (State University of New York Press, 1994)

Greg Rigby : *On Earth As It Is in Heaven : Revelations of French Cathedrals Locations* (Rhaedus Publications, 1996)

Codes architecturaux

Louis Charpentier : *Les Mystères de la cathédrale de Chartres* (Robert Laffont, 1966)

Schwaller De Lubicz : *The Temple of Man, Vol. I and II* (Inner traditions, 1998)

Fulcanelli : *Le Mystère des cathédrales et l'interprétation ésotérique des symboles hermétiques du grand œuvre* (Le Grand Livre du mois, 1999)

René Querido : *L'Âge d'or de Chartres : l'enseignement d'une école des mystères et de l'éternel féminin.* Traduit par Mireille Cohen, Céline Divoor, Alexandra Lefebvre et autres (Éditions de Mortagne, 2000, Canada)

Codes artistiques

Theodore Andrea Cook : *The Curves of Life* (Dover Publications, 1979)

Matila Ghyka : *The Geometry and Art of Life* (Dover Publications, 1978)

H.E. Huntley : *La Divine Proportion, essai sur la beauté mathématique.* Traduit de l'anglais par Élisabeth Doisneau et Bernard Turle (Navarin, 1986)

Ernst Lehner : *Symboles, Signs and Signets* (Dover Publications, 1969)

Michael Poynder : *Pi in The Sky* (Collins Press, 1997)

Codes mathématiques

Maurice Borissavliévitch : *Le Nombre d'or et l'esthétique scientifique de l'architecture* (A. Blanchard, 1963)

Samuel Colman : *Nature's Harmonic Unity : A treatise on its Relation to Proportional Form* (Arno Press, 1976)

R. Herz-Fischler : *A Mathematical History of The Golden Number* (Dover Publications, 1998)

Garth E Runion : *The Golden Section* (Non Basic Stock Line, 1990)

Steven Vajda : *Fibonacci and Lucas Numbers and The Golden Section : Theory and Application* (Ellis Horwood, 1989)

D'Arcy Thompson Wentworth : *On Growth and Form* (Cambridge University Press, 1992)

Le Saint-Graal

Ean & Deike Begg : *In Search of the Holy Grail and The Precious Blood* (HarperCollins, 1995)

Malsolm Godwin : *The Holy Grail : Its Origins, Secrets & Meaning Revealed* (Penguin, 1994)

Norma Lorre Goodrich : *The Holy Grail* (HarperPerennial, 1993)

John Matthews : *The Elements of the Grail Tradition* (Elements Books, 1996)

R<small>ENNES-LE</small>-C<small>HÂTEAU</small>

Richard Andrews & Paul Schellenberger: *La Montagne sacrée*. Traduit par Annick Baudoin (Pygmalion, 1997)

Patrick Byrne: *Templar Gold* (Blue Dolphin Publishing, 2001)

Patricia & Lionel Fanthorpe, Tim Wallace-Murphy: *Rennes-le-Chateau: its Mysteries and Secrets* (Red Wheel/Weiser, 2004)

James Stanley: *The Treasure Maps of Rennes-Le-Château* (Maxbow Publishing, 1984)

Jean Markale: *Gisors et l'énigme des Templiers* (Le Grand livre du mois, 1994)

Guy Patton & Robin Mackness: *Web of Gold* (Sidgwick & Jackson, 2000)

Bill Putnam & John Edwin Wood: *The Treasure of Rennes-le-Château* (Sutton Publishing, 2003)

David Wood: *Genesis: The First Book of Revelations* (Baton Wicks Publications, 1985)

David Wood & Ian Campbell: *Geneset: Target Earth* (Bellevue Books, 1994)

R<small>OSSLYN</small>

Pat Gerber: *The Search for the Stone of Destiny* (Canongate Books, 2000)

James Green: *Rosslyn Chapel: The Enigma – The Myth* (Temple Arch Publishers, 2002)

Christopher Knight & Robert Lomas: *La Clé d'Hiram*. Traduit par Arnaud D'Apremont (Dervy, 1997)

Andrew Sinclair: *The Sword and The Grail* (Birlinn Limited, 2002)

Tim Wallace-Murphy & Marilyn Hopkins: *Rosslyn: The Guardian of the Secrets of the Holy Grail* (Element Books, 1999)

REMERCIEMENTS

Tous les livres sont le produit d'un travail de groupe ; ne laissez personne vous dire le contraire. L'équipe engagée dans la réalisation de cet ouvrage s'est montrée brillante, et j'aimerais offrir mes plus vifs remerciements à tous en les citant au tableau d'honneur.

Dans un premier temps, il semble approprié de rendre grâces à mes déesses personnelles. J'aimerais remercier Jacqueline Harvey, une des meilleures documentalistes du monde, pour son excellent travail de recherche — je te dois un dîner. Grand merci à Robin Crookshank (pas de trait d'union) Hilton. SPD, tu as été fantastique. Je ne trouve pas les mots pour t'exprimer ma reconnaissance.

Il y a aussi des gens qui m'ont donné un bon coup de main. Mark Foster s'est occupé de tout ce qui concernait la gestion des photos et des illustrations — où est passé tout le monde ? Merci à Mark Oxbrow pour Rosslyn — Templiers ? Quels Templiers ? À Geoff Petch pour m'avoir encouragé au téléphone tout au long de ce travail. À Andy Gough pour la liste et les conversations formidables. Et Jim Chalmers, qui a eu le premier cette idée.

Grand merci aussi à ma famille et à mes amis : maman, papa, Mark et Claire. À Gemma Smith pour l'enthousiasme, à Sam pour avoir été enfin bon.

Que Lindsay Davies et Michael O'Mara soient remerciés pour la commande et le café — pourrais-je avoir un peu plus de temps pour finir la prochaine fois ? Et merci à Robert Kirby, de FPD — l'agent littéraire le plus patient du monde. Cette fois, c'est moi qui offre le déjeuner.

CREDITS PHOTOS

À PROPOS DE L'AUTEUR

Simon Cox est le rédacteur en chef de *Phenomena*, un magazine consacré à l'étude critique des dogmes, des orthodoxies et des demi-vérités. Il a aussi effectué des recherches pour quelques-uns des auteurs les plus renommés en histoire alternative, Robert Bauval, David Rohl ou Graham Hancock.